美を育てる

神崎 恵

幻冬舎

PROLOGUE

はじめに

5年、10年、20年。自分の未来の姿を想像したことはありますか？
私は歳を重ねるごとに、今後の人生をより具体的に想像し、
〝こうありたい〟を思い描きながら、行動できるようになりました。
何気なく続いていく毎日もそう。

今日どんなことが起こるのかはわからなくても
できるだけいい一日になるようにと、自分なりの下準備をし、
その日一日を心地いいものにすることができています。
大人になることのメリットのひとつは、

そんなふうに前を向いて生きるための術を身につけて
自分を癒やし、幸せにできるということだと感じています。

美に関することも同じく。
エイジングとともに訪れる外見の変化や体の不調、
モヤモヤとした心のゆらぎも、知識を持ち、方法を知り、
丁寧に向き合うことで解決策を見つけることができる。

「変化」にはいつだって不安がつきまとうものです。
でも今ある変化、そしてこの先に起こるかもしれない変化から
目を背ければ、さらに不安が生まれ、頑張る気力を削がれてしまう。
必要なのは、ただ怖がることではなく、知り、行動すること。
少し先の自分を想像し続けながら、工夫し、先手を打つことです。

この本では、私がこれまでに経験し手に入れてきた、
自分らしく美しく生きるための技やコツをお話ししています。
効率良く見た目を美しくするものから、
内面からじわじわと効かせるものまで、そのどれもが
「知っていて良かった」「やってきて良かった」と
実感していることです。

美しさはひとつの方向からだけでは育ちません。
それは大人になればなるほどに。
肌、心、髪、体、声……自分を組み立てる
すべてを満たし磨き上げる。

「美を育てる」ことは「自分を育てる」ことなのだと思うのです。

きっと誰もが若さに焦がれ、
できるだけ美しくいたいと願うでしょう。
でも、生きている限り、みな歳を重ね、老いていく。
それならば、できる限り心を曇らせないよう、
そのときそのときの自分が美しくいることができるよう、
心と手をかけてあげたいと思うのです。

美しさは力です。
自分らしく生きるための力になる。

今すでにある美。これから芽が出るであろう美。
みなさんが持ったくさんの美しさが、伸びやかに育つ
きっかけになることができたら、とてもとても嬉しいです。

CONTENTS

Task ＃VOICE　声

Task ＃MAKE-UP　メイク

Task #FEMCARE&HORMONE CARE　フェムケアとホルモンケア

Task #EXPRESSION　表情

Task #STRESS CARE　ストレス

CONTENTS

Task

#SKIN CARE

肌

自分の肌は、自分がいちばんの理解者。
朝、日中、夜と、数回目を向け触れてみることです。
些細な変化や不調を見逃さず手を打ち、
お手入れを続けること。
肌は心をかけただけ、「美しさ」で応えてくれます。

01

自分でキレイを選択する

私の10代、20代の頃は、日焼けしているほうが、かっこいいといわれる時代でした。肌の印象を変えたくて、海やプールで日焼けをしたり、セルフタンニングをしたりして楽しんでいました。でも、あのとき紫外線から肌を守ることをもっと大切にして、炎症が起きた肌の回復ケアを積極的に取り入れていたら……と、今思い返すことがあります。

２０００年頃から地球環境について、さまざまな情報が増え、紫外線は強まり、そのほかの外的ストレスも多くなりました。確実に、以前よりも私たちを取り巻く環境に変化が起きています。ただ肌にトラブルが生じたとしても、今は回復ケアやアプローチ方法も多岐にわたり、コスメも進化、その力を借りることで美しい肌を守り抜くことも、育てることもできると感じています。

　昨今のスキンケア、エイジングケアは革命の連続。最新機能を搭載したアイテムが続々と誕生し、美容医療の進歩も目覚ましい。だから今の20代、30代は正しくお手入れし続けることで、キレイな肌を保つことができる。キレイの寿命を延ばすことができるのです。「老化は治せる」という時代に突入したことを実感しています。

　以前インスタライブで「歳を取るのが怖くないのはなぜですか？」と聞かれ、「年齢を重ねることを怖いと思ったことはなく、逆に歳を取るのが楽しみなんですよ」と答えたことがあります。すると「いろいろなことを試せてキレイでいる人に、そんなことを言われたくない」というコメントが入り、ハッとしました。確かに私はたくさんの知識をもち、〝こういうときはこうしたらキレイになれる〟という方法を身につけています。それが〝年齢を重ねることも怖くない〟という強さに繋がっているのだと気が付きました。

正しい知識を得ることで、誰もが美しい肌を育てることができるのです。これからは60代の方が30代のような肌をキープすることも、不可能なことではなくなるかもしれません。

そしてキレイという選択肢もいくつもあります。「美肌はこうじゃなきゃいけない」「肌はシミやシワがあってはいけない」ではなくて、「私はフィギュアのような肌が好き」とか「私はシワがあってもあたたかみのある肌が好き」と、人それぞれのなりたい肌の選択肢がいくつあってもいいのです。自分に合った選択をすることが、年齢を基準にしたキレイの呪縛から解放されるコツだと思っています。

02

肌トラブルに対応するレスキューアイテムを準備する

若い頃は、特に何も考えずに高価な化粧品をフルラインで使っていました。それはただ高いものを使ってさえすれば、キレイになれるはずと思っていたから。お手入れのコツがわかってきた今は、価格を問わず自分の肌の調子、そして気分に合わせたスキンケアを組み立てています。これでとても肌に手応えを感じています。

基本のケアは、クレンジング、洗顔、化粧水、美容液、クリームの5アイテム。疲れた日は、美容液と高機能クリームだけを塗り寝てしまうこともあります。忙しさや肌の状態に合わせて、お手入れのステップを省くこともあれば、要所要所で入れ替えたり、プラスすることもあります。

そもそも肌の調子は毎日違うもの。お手入れしていても、悩みは尽きません。だから私は基本アイテムに加えてトラブル別に働きかけるレスキューアイテムをスタンバイさせています。たとえば短期間で手応えを実感させてくれる、洗い流さないマスク、シートマスク、酵素洗顔など。肌がやつれて見えるときはハリ、ツヤを引き上げるマスクを追加。ゴワついたときは酵素洗顔やふきとりローションを投入……といった具合に。

敏感肌の人も増加しているようです。私は肌が揺らいだときは普段のケアをストップ。敏感肌用のジェルやバームだけを塗って過ごすことが多いです。肌トラブルが出てしまっても、頼りになるケア、味方になってくれるアイテムを用意しておくことで気持ちは揺らがず、焦らずに肌が回復するための的確なケアができます。

03

ハリで「ひずみ」を寄せ付けない

顔を老けさせる大きな要因のひとつが「肌のひずみ」。

体も同様ですが、肌の表面と内側のバランスが悪くなると、モタつきや緩み、凸凹が出て、老けの印象が強まるなと思っています。若い肌にはひずみがないんです。表面と内側の全部が一体化して肌がパーン！　として、影も一切ない。〝つるん〟とみずみずしく見えるのです。それがいわゆる、ハリの正体。

マスク生活がスタンダードだったここ数年、顔の下半分のたるみが気になるという声が増えています。私はマスクをするようになってから、ふたつのことを意識して行っています。

マスクの下で顔の表情を2倍くらい大げさに動かしています。そのおかげなのか、今のところ顔の下半分のたるみは気になっていません。というより、以前よりもシュッとしたように思え、表情も豊かに見えるようです。

そして、以前よりもハリを育て、たるみを防止するケアとコスメを意識して選ぶようになりました。実際、マスク生活に入ってからハリを育むスキンケアアイテムが数多く登場。肌の内側のしぼみを補い底上げし、表面でしっかり引き上げながら、つるんとなめらかな肌に導いてくれています。


また最近になっておでこを褒められることがとても増えました。以前は広くて丸いおでこをネガティブに思ったこともあったけれど、今では〝いいな〟と思うことができています。この形は遺伝。私の母も同じ形をしていて、70代でも、つるんとまあるい。母を見ていて、おでこは生き生きとしたハリ感にも繋がるな、と気付き、今は大切にお手入れを続けています。

私の個性でもあるおでこだからこそ、顔の下半分同様、ひずみを出さないケアを心を込めて行っています。そしていつでも出せるようケアを怠りません。

04

「なんかな～」の肌サインを見逃さない

肌の曲がり角は年齢では括れません。肌の小さな曲がり角は、月経やホルモンバランスが人それぞれであるように、個人差があります。出かける前に姿見を見て、スカートの丈が「なんかな～」と思うことがあるように、肌も「なんかな～」の違和感が絶対あるはずで、それが肌の小さな曲がり角のサインだと思っています。そのタイミングでスキンケアを見直して、先手を打つことができれば、いい状態で歳を重ねていく＝肌を育てることができる。大切なのは、その「なんかな～」に対して、見て見ぬふりをしないことです。「ここにシミが」という具体的な肌悩みではなく、「なんだかくすんでる」「なんか違う？」……そういったサインを見なかったことにしない、気のせいにしないことです。

私の肌は、迷路のように曲がりくねってきました。20代から30代にかけて肌の変化を感じましたし、3人の息子の出産ごとに大きな肌の落ちこみもありました。なかでも大きな曲がり角は30代半ば、37歳と40歳。その後も美容業界の先輩方から「42歳と45歳ですごいのがくるよ」と言われていたとおりになりました。今も「曲がり角の本番はここから。もっとすごいのがくるよ」と聞いているので、慌てず、焦らず、工夫をしてケアをしていこうと決めています。

私が「歳を取るのが怖くない」「年齢を重ねてもいい」と思えているのは、「大きな肌の曲がり角」や「ホルモンバランスの変化」など、普通なら口を閉ざしてほかの人に伝えることがない、誰にも言えないことを共有してくれる先輩の存在も大きいと思います。その経験から教えてもらった「肌のバイオリズム」で、次を予測できるから、大きな肌の曲がり角でさえ「あぁ、これか」という感じに落ち着いて受け入れ、対処ケアを始めることができています。

05

肌色以上に〝透明感〟を重視する

「白い肌」は、古来より美しさの条件のひとつであると伝えられています。日本では「色の白いは七難隠す」、中国では「色の白いは百難隠す（一白遮百丑）」といわれ、肌さえ白ければ見えなくなることがたくさんあり、それだけで美しく見えるとされていました。

ただ誰もが同じように漂白したような「白い肌」を目指すというのは、個の魅力が美しいとされている今の時代に合っていないな、と思っています。「肌は白くなければいけない」と思い込んでいると白くない肌が許せなくなり、「私の肌には、価値がないんじゃないか」と、美容をマイナスから評価するようになってしまう気がします。「思い込み」はキレイになることを邪魔する大きな要因なので、まずはその思い込みを手放す。そして花を飾る、夢を追う、学ぶなどなど、「自分自身が満たされること」をすれば、肌の内面から輝きが増して、透明感が生まれると思うのです。

　加工アプリで「目は大きく」「フェイスラインはシャープに」「顎は小さく」「肌の色は白く」と、自分の顔や肌の色を簡単に変えられる時代。それはそれでキレイに見えるかもしれませんが〝つくられた人工的な美しさ〟には、心が動かされることはありません。まずは自分の肌を見ること。肌色、質感を知ることです。そのうえで「透明感を上げる」お手入れを始めることが大切だと思っています。肌のコンプレックスは、透明感があることで存在感が薄まるものです。

06

「漬け込む」美容で発光肌へ導く

光っている肌、発光感のある肌とは、どんな肌だろう？　まず思い浮かべるのが綾瀬はるかさんの肌。そして美容家の小林ひろ美先生の肌です。きっと１００メートル先にいてもポワーンと光を放ち、何百人といるなかでも、一目で見つけられる自信があるほど透明感に満ちています。

透明度の高い海や川は、ずっと奥まで深く澄んでいます。光を放っている肌もその感じに似ていて、光を肌の奥まで取り込み反射しているイメージ。そういった肌は、おそらく透明感の層がたっぷりあって、光を遮断することがなく、結果内側からあふれんばかりの光を放っている。もちろん生まれ持った肌の特性もありますが、同じような肌にはなれないと、諦めてしまうのはもったいないと思うのです。簡単に実現するわけではありませんが、ケアを続ければ肌が変わると確信しています。

私は特に透明感が欲しいと感じたときなどには「漬け込む」期間を設けています。何をどう漬け込むかというと、まず朝はブライトニングシートマスクで日中の肌力の底上げを。さらに集中美白美容液を朝晩使用し、日中も日焼け止めを数回塗り足す。メイクを直すタイミングでは、1回乳液で拭き取ってから、そこに美白美容液を重ねます。と同時に、飲む日焼け止めや飲むブライトニングも取り入れて、全方位からケアします。

期間は1週間～1ヵ月と、そのときの状態によりますが、とにかく肌を漬け込むように美白ケアを集中的に行うことにしています。これを行うと、目に見えて透明感が育ちます。コツコツではなく、集中的にケアすることが、かなりの手応えを導くのです。ブルーライトによるスマホ焼けなど、最近はくすませる生活環境も多いので、1シーズンに1～2回、「漬け込む」強化期間にしています。

07

透明感の土台は巡らせることから始める

肌をくすませる原因はたくさんあります。疲れなどで、内側の巡りが滞り、酸素や栄養が血液に取り込まれず、それがくすみの原因になることがあります。血行不良になると肌から血色感が失われ、肌が暗い印象になります。そのときは、肌の巡りを活性化させるお手入れやコスメの投入が有効。たとえば導入美容液で効率よく内側へ有効成分を届けたり、血流に着目したコスメを取り入れたり。瞬時に肌を押し上げる炭酸系コスメでのケアも、くすみ肌のケアとしておすすめです。

私の場合、「どんなにスキンケアをしてもくすみが取れない」と思っていた時期があり、ニキビケアでお世話になっていたクリニックに相談。すると「鉄分が足りていないせいかも？」ということで血液検査を受けると、数値的に鉄分が不足していました。点滴とサプリメントで鉄分を取り入れると、だんだんと肌の透明感が戻るのを感じました。それからは定期的に検査を受けるようにしています。

定期的な検査は大変ですが、いろいろな角度から自分の状態を可視化することはとても参考になると思います。そして客観的に自分を把握しておくことが、安心材料にもなります。

私がサプリメントを飲むときに、大切にしていることがあります。それはまず自分の体に足りていないものを調べること。ただ飲むのではなくどのように摂るべきかも意識しています。たとえば一般的に透明感を引き出すためにいいといわれている、ビタミンCのサプリメント。私はより効果があるといわれているリポソーム型を選び、髪や肌、爪にも行き渡るよう、亜鉛や鉄と一緒に摂ることにしています。ビタミンCに関しては、必要以上に摂取しても排出されてしまうので、こまめに摂ることにしています。

　くすみの原因で盲点なのが、筋肉量。運動を再開してしばらくすると全身の肌の透明感が高まったこともありました。筋肉量が低下すると、体内の巡り＝血流が鈍化します。肌は表面からのお手入れだけではなく、いくつもの視点からケアを見直し、工夫しながら行うことが重要です。

08

〝マシュマロ肌〟から密度の濃い〝すあま肌〟に

　年齢によって目指したい肌の質感は変わります。私は、20代ではマシュマロ肌――サラサラで、フワフワで、軽い肌を目指し楽しんでいました。

　今は、断然「すあま」肌。もちもちっとしたお餅のお菓子、そうあの麗しい和菓子です。もっちりしていてなかがギュッと詰まっているような、濃密な肌が憧れです。

　具体的には桃井かおりさんや、発光肌の持ち主としても紹介させていただいた美容家の小林ひろ美先生の肌！　触ったら手が離れないのではないかと思うくらい吸いつく肌で、これこそ大人の肌の理想の質感だと思っています。なめらかで温もりも感じられて、窓ガラスに近づいたらその湿度でガラスが白くなるのではないかと思うほど。そういう温もりのある肌になりたいのです。

ひろ美先生が若い頃にかなり日焼けをした肌の持ち主であったことをご存じの方もいらっしゃるかもしれませんが、今は「とにかく紫外線に1秒たりとも当たらないようにしている」と聞いています。保湿ケアにもこだわりながら、ストイックかつ徹底的に紫外線をカットすることで、あの素晴らしい肌質感を保つことができると知ると、自分の肌の可能性を感じることもできます。

年代によって、目指す肌の質感は変わっても、紫外線防止のケアは共通です。

私自身、紫外線対策を真面目にやっておけばよかったと後悔しているひとりですが、同時に今からでも遅くないとも思っています。日焼け止めは室内や車内でもしっかり塗り、曇りでも雨でも天候にかかわらず、UVケアをすることは当たり前になりました。最近は日傘も必須。車を運転するときにも、ポンチヨのように腕を隠せるはおりもので窓を透過する紫外線をしっかりとブロックしています。マスクも紫外線をカットしてくれるものを選び、サングラスやメガネは、オプションで、UVカットやブルーライトカットの機能がついているレンズにチェンジしています。

1秒たりとも……とはいかなくても、できる範囲で紫外線に生肌をさらさない。何よりもなりたい肌質感に近づくためには、保湿ケアと紫外線ケアが基本です。

09

油分がつくる美しさに目覚める

美容に携わるようになってから感じていることのひとつ。油分によるお手入れが苦手な人がとても多いということです。

私は20代からオイルを使い続けています。水分がつくる美しさももちろんあります。と同時に油分がつくる美しさも同じようにあるのです。その両方の絶妙なバランスこそが美肌の必須条件。

たとえばソファーなどの革製品の表面のひび割れやざらつき、ゴワつきは油分でお手入れすることでなめらかに艶めきます。それと同じように、肌にも油分が必要。油分は肌にとって健やかな状態を保つためにも、内側に潤いをとどめ守っていくためにもとても重要。油分がなければ、どんなにたくさんの水分や栄養を与えても肌の外に逃げてしまう。油分があることでそれらをとどめておくことができます。

コスメならオイルやクリーム、乳液。優れた美容成分がたっぷりと含まれ、肌の表面でフタの役割も果たすため、ふっくらとツヤのある肌が期待できます。今のスキンケアにひとつプラスするならまずはオイルを。より油分と有効成分を届けたいならクリームを加えることです。艶めくハリ肌が実感できるはず。

10

スキンケアは「ひと手間」を惜しまない

スキンケアは毎日丁寧に時間をかけたくても、なかなかそうはいかないもの。だからこそ効率のいいひと手間を用意。たとえばローションのなじませ方。まずはコットンにローションをひたひたになるまで含ませて、それを肌の上にのせ3秒間ずつずらしながら顔全体になじませます。次に手のひらに500円玉ぐらいローションをとり、パシャパシャと肌を包み込むように重ねます。さらに優しくハンドプレス。潤いで肌全体を満たすことが大切。目の周りや口元などの細かいところは指でなじませるのがポイントです。洗顔料も「泡立てるもの」は徹底的に泡立てますし、たるみ用クリームはフェイスラインからデコルテまで塗り広げ、仕上げに頭皮までほぐします。このひと手間が美を育てます。

11

アイクリームは、朝・昼・晩！

美容好きな母から言われ続けていたことのひとつが「アイクリームを塗りなさい」ということです。母は長年塗り続けていたことで、エイジングはあっても、今でも生き生きとした目元を保っています。私は「アイクリームを塗る」という1ステップが面倒で、手を抜くことも多かったため、今はとても後悔しています。

年齢を重ねるにつれ、ハリが失われ二重の幅が狭くなったり目が小さく見えたり、落ちくぼんで老けて見えたりと、目元の印象もだんだんと変化していくものです。目元は、とてもデリケート。ストレスが重なるパーツだからこそ、悩みが深刻化してからでは挽回は難しく、時間もお金も根気もいります。若くハリのあるうちから丁寧な目元のケアを習慣化しておくことが、とっても大切だと思っています。

朝晩2回のケアは基本ですが、日中もアイケアを取り入れることでよりハリのある目元を育てることができます。メイクをリタッチするようにアイクリームを塗り直す。コットンに乳液を含ませ目元のメイクを優しく拭き取り、アイクリームをなじませてから下地とファンデーションでお直しをします。日中のくすみや乾燥対策として、私はペンケースにもアイクリームを常備し、こまめな目元のお手入れを心掛けています。シワっぽさや疲れた印象を回避できるだけでなく、一日中、生き生きと透明感のある目元で過ごせるようになります。

今はデジタル機器が生活の中心になりつつある時代。私たちの目は考えている以上に活動量が増え負担も多い。思っているよりも疲れが溜まっています。

疲れ目やドライアイには専用の目薬を使い、睡眠中はアイマスクをして目元を真っ暗にして眠るなど、目をしっかり休ませてあげることも大切です。

朝はホットタオルで30秒ぐらい温め、次にタオルで包んだ保冷剤を目元にのせて冷やす。巡りがよくなり、むくみが取れてパッチリ、すっきりとします。夜は冷やしてから温めると疲れが取れます。続けることで瞳が輝き、目元の表情が生き生きとします。

12

「落とす」こそ美肌の基盤

もっと丁寧にやっておけばよかった……と後悔しているひとつがクレンジングと洗顔です。私の20代前半は、ベースメイクもメイクも〝落ちないこと〟〝メイクが崩れないこと〟に重きを置いていました。「落ちにくいリキッドファンデーションの上に、さらに落ちにくいパウダリーファンデーションを重ねる」「グリッター入りのアイシャドウでまぶたを塗りつくす」「マスカラはウォータープルーフタイプを3種使い」。このメイクを落とすために、強力な洗浄力をもつクレンジングアイテムを常に使い、さらに何度もゴシゴシと肌をこすりながら洗い続けていたのです。今あらためて考えると、恐ろしいほど肌に負担をかけていたなと反省。

当時〝落ちないメイク〟が流行っていたけれど、それを落とす正しいクレンジング法は誰も教えてくれなかった。今は日中のシーンで使う落ちにくいメイクやファンデーションが多くなりましたし、オフするときには落ちやすいものも豊富になっています。クレンジングアイテムは洗浄力はありつつも、できるだけ肌への負担が少ないものを選びます。そして摩擦が起こらないよう、顔の中心から外に向かって優しく螺旋を描くように、指先でなく指全体を使い、なじませてメイクを落とします。丁寧に、優しく、しっかり落とすことを習慣化すること。私はマスカラやアイライナーなどは、日中崩れにくいけれど、お湯で落ちるタイプを選び、肌への負担とクレンジングの負荷を軽減するように工夫しています。

洗顔も同じく。肌には汚れや汗、肌表面にはホコリ、毛穴の内側にも皮脂が蓄積しています。隠れ角栓の放置によってエイジングを加速させているということもわかってきています。しっかり落とすためだからと、肌に必要以上の力、摩擦を与えるのも厳禁。洗顔料はしっかりと弾力のある泡をたて、肌への摩擦を徹底的に避けます。私の場合は、指と顔の間で泡を転がすようになじませ、洗い流すときも同じく指と顔が触れないようしています。

肌の負担になりかねない落とすプロセスを見直すことで、美しさが加速すると実感しています。

Task

#BODY CARE

ボディ

数値に左右される体づくりからは卒業。
まずはなりたいシルエットを思い描くこと。
その希望のアウトラインを実現するために
どこを絞って、どこに筋肉をつけて
しなやかなラインを育むのか。
まずは最初にイメトレ、そして継続することが肝心。

13

体調の確認ポイントは「水の味」

大なり小なりストレスを抱えているのが当たり前の今、自分の体や心がどれくらい辛いのか、疲れているのか、というのがわかりにくくなっている人もいるのではないでしょうか。私は「今の自分の心の具合はどうだろう」「ストレスに自分が負けていないか」を確認するためにも「肌」「生理」「味覚」の3つの様子を見逃さずに、観察するようにしています。

肌はくすみや吹き出物などで表にすぐにあらわれます。生理前や生理中に「お腹が痛くなる」「イライラする」といった症状をいつもより感じやすいときは、「疲れているのかな」「ストレスが溜まっているのかな」と、自分の体に目を向けます。それらの不調を少しでも感じたらここ数週間の食を振り返り、睡眠もいつもより少し長くとるなど、生活を見直すことにしています。

そしてもうひとつの確認ポイントが「水の味」。味の濃いものを食べていたり、外食が続いていたりすると、普段飲んでいる水が美味しいと感じられず、味がしなくなるのです。いつも決まって飲む水の甘さがしっかりわかるかどうか、これが大切。「水の味がしない」と感じたときは、1週間ほど食事の味を薄くしたり、食材そのものの味をいかして食べるようにしています。数日経つと味覚がまた戻ってきて、体も軽くなるように感じるのです。体や心をいったんリセットする感覚。フラットな状態に戻す作業を組み込んでいます。

美容のために水や白湯を飲む方はとても多いと思います。私もその美容法を取り入れていますが、以前はあまり水分をとらない生活をしていました。水を飲むことの重要性を知ってからは、積極的にとるようにしています。寝ている間にも体の水分は蒸散してしまいます。朝はまず、体を温め穏やかに血流をうながすために、一杯の白湯をゆっくり飲むことから始めています。その後は、常温の水をこまめに飲みます。飲む量の基本は、体重1キロあたり35〜40㎖といわれています。体質や生活環境によって差がありますが、運動を取り入れている私の場合は、５００㎖のペットボトルを一日4〜5本飲むのが目安。ペットボトルで飲むことでどのくらいの量を飲んだのかがわかりやすくなります。

お水を積極的に飲むようになってから、体はすっきりし、肌も潤い明るくなったと感じています。

14

口に入れるものは意識して選択する

10代のときに一時期、体重が一気に増加したことがありました。当時を振り返ると、大流行していたミルクティーばかり飲んでいた記憶があります。今も「太ってきたな」「モタついてきたな」「むくんでいる?」と感じるときは、甘いカフェラテや甘い飲み物を、何気なく飲んでいるような気がしています。

それに気が付いてからは「飲んでいるものに何が入っているのか」を確認し選ぶようになりました。そしてフルーツジュースやスムージーは基本手作り。わが家でよく登場するスムージーは、バナナ、小松菜、アボカド、青汁。そこに豆乳や季節の果物などを加えて旬の味を楽しむこともあります。スムージーはバナナを入れれば、甘みが足され飲みやすくなるのでおすすめです。

人生100年といわれ始めている今。自分の病気はもちろんですが、子どもたちの健康にも食事が大きくかかわっていると感じています。体調を崩す原因になるかもしれないからこそ、できる限りヘルシーな食事や飲み物を用意したいと思っています。

まずは「それがどういったものでつくられているか」ということを知り選びたいと強く思うようになりました。

料理をする際も、添加物が含まれているようなものはなるべく避けたり、味つけもスパイスや薬味を使用して味を豊かにしたりと工夫しています。と同時に、ミョウガ、大葉、ネギ、ニンニク、生姜は味のアクセントとしてとても役立ちます。そして実山椒はゆでて冷凍保存をして使っています。もちろん「甘いものを食べたいな」というときもあります。チョコレートも食べますが、カカオパウダーをお豆腐に混ぜて生チョコ風にしてみたり、バナナにかけてカカオバナナにしたりと、素材そのものを活かす工夫をして食べるのが好きです。カカオパウダーにはポリフェノールも含まれていて、活性酸素を抑えてくれるので美肌効果が期待できますし、体全体の血行を良くして冷えやむくみを改善したりと、美味しいだけでなくいいことずくめです。

甘味料にもこだわりがあります。白い砂糖ではなく、アガベシロップ、ヤーコンシロップ、ココナッツシュガーなどのＧＩ値の低い甘味料や、テンサイ糖、キビ糖などひととおり揃えて、お料理に合わせて使用しています。砂糖、塩、油にこだわることで、体や肌が変わり、集中力も上がる……と、嬉しい変化がたくさんあります。

15

くすまない、太らない お風呂の心得

産後とても疲れていて、何ヵ月か湯船に入らず、シャワーだけの生活をした結果、肌はくすみ、体重も増えてしまいました。「代謝を上げ、巡りを良くする」ことの必要性を痛感し、それからは湯船に入り、体を温めることを心掛けています。

心身の疲れを取るのと同時に、寝ている間も代謝を下げないという意味でも、夜、湯船に入るのは効果的だと思っています。一般的には湯温は37～40℃が適しているといわれていますが、私は41～42℃ぐらいの温度で温まるのが好みです。疲れているときの長風呂は体に負担がかかることもあるので、そういうときはエプソムソルトを湯船に入れ、パッと15分ぐらい入って終了。また関節な

どにシャワーを当ててから湯船に入るとのぼせず、より早く温まりやすくなります。足首、膝裏、お尻の下、腰、鼠径部、お腹、肘、内肘、脇、首の付け根、鎖骨など、全体で3〜5分かけるだけです。私は交感神経が優位になりやすい体質で、リラックスしたいときにはややぬるめのお風呂に入ることにしています。時間がない朝はシャワーで関節だけ温め、背中を押してくれるような爽やかな香りのシャワージェルを使い、自分を元気づけ目覚めさせています。

また長時間の入浴や高い温度での入浴は、肌表面の潤いを奪うこともあります。アウトバスでのお手入れが理想ですが、難しいときは湯船に保湿力のあるバスオイルやミルクを入れることで、潤いながら体を温めることもできます。

16

心身にはりついた
ガチガチを徹底的にほぐす

年齢に関係なく、ストレスを抱えていると、心も体もガチガチという方は多いようです。体づくりも心がしなやかであることがベース。それがなければ、ボディラインも上手に育てられないということを実感しています。

トレーニングは、体のかたまっているところを丁寧に解きほぐすところから始めます。コリは日々積み重なるもの。日頃から、溜めないような体に整えておくことが何よりも重要です。溜めないためには、姿勢を正し、血流を良くし、ほぐすこと。私はフォームローラーやマッサージボールで全身をほぐします。道具がないときなどは両手をグーにして、老廃物が溜まりやすい脇の下やデコルテ部分などをグリグリとねじるようにしながらほぐしています。

ストレスを抱えているとき、気持ち的にモヤッとしているとき、巡りが悪いとき、体に熱がこもっているような感覚になるときにもほぐすのがおすすめです。

特に首や肩周り、肩甲骨周り、頭皮を念入りにほぐすと、巡りが良くなり、すっきりします。身近にあるテニスボールやゴルフボールを、体と床や壁の間に挟んでコロコロ動かすのも効果的です。

17

自分の裸を好きになる

若い頃は、ただ痩せていればいいと思っていました。リンゴダイエットやゆで卵ダイエットなど、とにかく体重を落とすダイエットばかりを繰り返していました。その結果、髪も肌もスカスカ、体型もカリカリなのに、体重が500グラム増えるだけでも許せない。そんな数字に囚われている人が多かったように感じます。当時は今のようにトレーニングをコンスタントにしている人もいませんでした。

その後は「出産を経験したし」「この年齢だし」「服を着ていれば隠せるし」と、言い訳をしながら、自分の体から目をそらして過ごしていました。でも、お風呂に入ったときや全身を鏡で見るとき、気持ちにモヤがかかる。子どもと行く海やプールでは、水着の上にラッシュガードを着込み、ボディラインを隠していました。でもそんな自分に違和感を覚え、あらためて自分の体型について考え始めました。どうしたら自分にとって心地のいい体になれるのだろう……と試行錯誤した結果、自分の納得いく体にはやはりトレーニングが必要という結論にたどり着きました。数字に縛られたダイエットしかしてこなかった私が、50歳を目前に本気で体づくりを始めました。

年齢、体型といったネガティブにとらえられがちなこととは関係なく、いくつになっても堂々と着たい服を着こなせて、脱いだときも気持ち良く自分の裸ごと楽しんでいる人が魅力的だと思うのです。

18
一日数回、正しい姿勢を沁み込ませる

スマホ首になっていませんか？　そういう私も、気が付くとスマホを片手にして、猫背になっていることもあります。肩の位置が前に巻き込まれ、首が前にずり落ち、顔が前に出ている状態です。気付いたときは、肩を下ろして後ろに戻し、首を真っすぐ立て、頭をスッと引き上げ、正しい姿勢に戻すよう心掛けています。

「真っすぐ立ったときに鎖骨が地面に対して平行であること」が正しい肩の位置の目安なので、一日数回、鏡などでチェックしています。

これまで体にまつわる様々なトレーニングにチャレンジしていますが、どこでも、まず「普段どおりに立ってみてください」と言われます。私は自分で思っているよりも猫背で肩を前に巻きこみ、顔が前にずり出ているようです。

壁を背にして立って、後頭部、首の付け根、仙骨の3点が壁についていれば正しい姿勢。私は一日に数回、確認しています。正しい姿勢になると背中への意識が高まって、それだけでも後ろ姿が美しくなります。

正しい姿勢でいることで、首も長くなり内臓の位置も正しく納まり、いい循環がうまれる。首こそ美人を語るパーツ。ある雑誌編集長は「首の長さで表紙の写真を決める」のだと、お話ししていました。確かに首が長くて細い人は、顔も小さく見え印象が美しくなる。この猫背＝スマホ首を続けていくと、首は太く短くなっていきます。こまめに正しい姿勢を意識し確認しながら、自分の体をつくっていきたいです。

19

美しい首は筋トレで鍛え上げる

「年齢を重ねると首だけで振り向けなくなる」と聞いたことがあります。これは背後から誰かに呼ばれたときに、首だけで「何？」と動けるような柔軟性がなくなり、足元から向きを変え、体ごと振り返らないといけなくなるということです。ふとした瞬間、「何？」と振り向く所作にしなやかさがなくなると同時に、可動域の狭さに愕然としました。

首は年齢をあらわすといわれています。実は私たちは生活のなかで首の筋肉を思いのほか動かしていないのです。結果、柔軟性がなくなって、首から肩へのラインが凝りかたまり、横ジワやたるみもくっきりしてきます。でも、大切なパーツだと認識はしていても、どうアプローチしたらいいかわからない人も多いのではないでしょうか。

首も「スキンケア」＋「筋トレ」の2ステップが必要です。私は、仰向けに寝て頭を少し浮かせ、真横を向くようにゆっくりと左右に10回動かします。首の力だけで頭を持ち上げるのは、簡単そうで結構キツイものです。この動きがつらいということは、それだけ首の筋力が衰えているということかもしれません。

取材で以前伺ったクリニックの男性の先生が私と同世代にもかかわらず、とても若々しくて驚いたことがありました。先生がされているメニューを不躾《ぶしつけ》にも質問したら「鍛えているだけ」と。筋トレをすると、クリニックの施術やスキンケアでは届かないところにもハリが出るそう。同じくアプローチすることで美しさが育つのが頭皮です。首と頭皮をケアすることでフェイスラインが引き上がり、首から肩にかけての胸鎖乳突筋が浮き上がって、横顔も美しくなります。

20

目指すべきはカリッとした肩甲骨

普段はあまり直視することのできない自分の後ろ姿。エイジングは背中に出やすいのですが、若い世代でも、丸くむくっとした背中をよく見かけます。私は、背中やお尻などの背面を裸の状態で見ることを習慣にしています。

子どもの背中はムッチリしているのに、肩甲骨はカリッと出ている。大人になると、肩甲骨自体の可動域が狭まり、巡りが悪くなることで肩甲骨が埋まって見えます。私自身、トレーニング当初は感覚が遮断されているような気がして、動かしたいと思ってもなかなか動かせませんでした。なので、背面のトレーニングはより丁寧にいろいろなアプローチで行っています。

背中を撮影するときに「後ろに手を回して」とカメラマンさんに言われることがあります。これは肩甲骨が出て背中がしなやかな線を描き、後ろ姿が美しく見えるポージング。ですが、後ろに手を回さない状態でも、子どものようにカリッと浮き出ている肩甲骨をつくるのが目標です。

スマートフォンやPCが必須の今、猫背の姿勢が多くなっているのも現実です。だからこそ、今後は一層、肩甲骨のケアを含めた背面ケアが重要になると思っています。背中が鍛えられていないと、お尻が垂れたり、太りやすくもなる。ちょっとした時間に、肩全体を肩甲骨から大きく円を描くように動かすことを、日々意識していく。すると美しい肩甲骨、そして後ろ姿が育ちます。

21

なめらかボディスキンは効率良く育て上げる

自分と向き合う時間が増え、ボディのお手入れやトレーニングがますます注目されています。でもまだまだ顔の肌に比べると、ボディケアへの意識は低いもの。私も顔のお手入れで精一杯、ボディケアまで手がまわらない日が多くあります。そんな日は効率を上げる工夫をしています。

湯船に浸かるようにしていると話しましたが、ただのお湯、さら湯には入らないようにしています。疲れがピークになると、なぜか「海に行きたい」「塩水に浸かりたい」気分になるんです。それもあって、お風呂にはお塩を入れます。気持ち良く汗もかき、体も温まり、さら湯とお塩を入れた湯とでは、疲れのリセット具合にも差が出るような気がしています。「当たり前のようにやること」に、効果の高いものを加えて、相乗効果を狙う。忙しいなかでも、キレイを伸ばす。私なりのコツです。

　毎日のボディケアは、お風呂上がりの体がまだ軽く濡れている状態でボディオイルをなじませます。次にクリームを重ねる。こうすることで水分を抱え込み、油分を届けることができてしっとりなめらかな肌に。そして、スクラブは、週1回程度。肌の角質を整える効果はもちろんですが、軽くなじませ洗い流すだけで驚くほどなめらかになり、透明感も引き上がります。ボディケアは「やらなきゃ」と思うと億劫になることもあるので、お風呂で心地よくお手入れができる美容機器を使ったり、保湿作用のあるルームウェアを着用して睡眠をとるなど、機能派アイテムに頼るのも賢い方法だと思っています。

22
理想のボディメイクの達成には「気合い」がマスト

太りにくい人もいれば、太りやすい人もいます。つまり１００人いたら１００の体質があります。他人の成功談が必ずしも当てにならないこともあるのです。ボディメイクは、自分の体を見ながら、コツコツと続けていくことが重要です。そこで言い訳にしたくないのが、年齢。確かに年齢とともに代謝は低下し、太りやすくなります。私自身、以前は年齢を言い訳にしていましたが、今はとことん体と向き合っていこうと思っています。

私が40代を過ぎてボディメイクを始めたのは、エイジングによって自分の体が変わったことを自覚したから。そしてさらに体が変わるであろうアラフィフを目の前に、自力でどこまで変われるか、試してみたいと思ったからです。

「年齢を重ねることは、考え方次第ではまったくネガティブなことではない」。それは私が美容を通して伝えたいことのひとつです。それも含めて「人は年齢に関係なく変われる」ということを自分自身で実証したかったのです。

そこであらためて実感したのは「気合い」こそ必須だということ。そんな簡単なこと？　精神論？　と思うかもしれませんが、私の場合、最終的に「気合い」がいちばん重要です。

ボディメイクは体重を落とすダイエットとは違い短期間のプランをおすすめします。半年、1年間とロングスパンで計画すると、なかなか体は変わりづらいと思っています。それは決意や集中力を持続させづらいから。まずは1週間を目安に動いてみてください。「1週間後にちょっとだけパンツが緩くなったらいいな」くらいの目標を積み重ねる。1週間の集中力と努力した時間がさらにモチベーションを引き出します。期間が長いと「明日から」と甘えが出て、だらけてしまいがち。体を変えたいなら「気合い」と「集中力」が絶対！

23

「なりたい体のカタチ」を明確にする

運動不足を解消したり、体重を落としたいのなら、ランニングや食事制限である程度の結果は出るのかもしれません。でも私は健康的に体のカタチを変えたかった。

お腹周りや二の腕など絞るところは絞られていながらも、アウトラインは丸みとボリューム、柔らかさがある。そして中はギュッと詰まっている感じが、私が理想とする体です。そのためには「お尻は丸く」「お腹は縦のラインを入れたい」など、体のパーツごとになりたいカタチを細かくトレーナーと共有することから始めました。

今回体をつくっていく過程で、「気合い」と「集中力」とともに必要不可欠だと思っているのが、トレーナー選びとその存在です。

あるイベントで撮影した自分の写真を見て、ハッとしたことがありました。その写真の私は、首周りがモリモリッと太くて、家族からも「逞しい」とからかわれたほどです。そのとき行っていたトレーニングは、動きも正しく、インナーマッスルにもアプローチしていました。ではなぜか？　私は学生時代に運動部だったこともあって筋肉量があり、外側の筋肉に利かせてしまうと、筋肉質っぽく硬そうな体になりがちな体質だったのです。その結果思い描いていた体とはまったく違うものになりました。この貴重な体験は、その後の体づくりの教訓になっています。

「流行っている運動だから」「芸能人の○○さんが通っているから」という何となくの理由だけでレッスン内容やトレーナーを選ぶのは、体づくりの落とし穴。トレーナー本人の体は、明確な見本にもなりますし、ＳＮＳや書籍などで考えやトレーニング内容を発信している人であれば、その経験値は一目瞭然です。プロの知識をもって体のクセをきちんと見てもらい、指摘、解説、そして何をすればいいか、細かくパーソナルなメニューを提案してもらう。些細なミリ単位の動き、トレーニング中の体重のかけ方や意識ひとつでボディメイクには違いが出ます。だからこそコミュニケーションが取れる人か、相性も含めしっかり見極めたいところです。これくらい細やかに見極めることで、なりたい体のカタチが育てられるのです。

24

体づくりにゴールはなくていい

体づくりを始めて気付いたことがあります。それはゴールがないこと。

人が見たら、十分に変わった、もういいんじゃない？　と思うかもしれません。でも変われる楽しさを知ると「ここをもう少し」と、より細かく明確に思う形、理想が見えてきます。だから体づくりには終わりがない。そういうとなんだか果てしない気がするけれど、その「終わりのない楽しさ」「満足しない楽しさ」こそが、体づくりの面白さともいえます。

体づくりは、体のそれぞれをパーツごとに「思う形に育て上げていく」という感じで、メニューを組み立てます。たとえば、お腹に〝横の線〟は不要。入れたい〝縦の線〟も外側なのか、中心に寄せて入れるか、斜めに入るかで、トレーニングの仕方も大きく変わってきます。

バストのカタチはひとつではなく、トレーニング次第で、しずく形になったり、お椀形になったりするもの。お尻もボリュームを出したいのか、それとももっと腰に近い部分から立体感を出したいのか、なりたいカタチによってアプローチ方法は異なります。

ジムに通って体づくりをすることだけが正解だとも思っていません。ジムでの体づくり以外にも、できることを取り入れていくことです。たとえば下半身の筋肉を動かすと血糖値が下がることがわかっています。なので食べ過ぎたときは階段の上り下りやスクワットを15分ぐらい行い、血糖値を下げることで太りにくい体に。日常の生活のなかで使える、やるといいことを覚えておけば、体づくりにも役立ちます。

ヨガをはじめ、いろいろな動きも試してきました。その経験をして、今たどり着いたのが、可動域を広げこわばりを和らげ、バランスを整えるピラティスと、理想の筋肉のつき方、カタチを育てるトレーニングです。興味を持ったり、面白そうと思ったボディメイク法は試すことが大切。大げさに考えず、カルチャーセンターや初回無料のレッスンもあるので、まずは試してみることです。そのなかから、自分の体に効いたものや気持ち良かったもの、そしてライフスタイルに合ったものを選ぶことでより手応えを持続できるはずです。

体づくりにゴールはありません。これからも私は持ち前の好奇心と行動力で、いろいろなトレーニングに挑戦しようと決めています。

Task

#FRAME WORK

骨

見逃されてきた「骨」と美容の関係。
たるむ、こける、老けるといったネガティブな印象は
肌だけの問題ではなく、
実は「骨」が大きく関係しています。
肌だけでは美しくなりきれない。骨を意識することで
今まで届くことができなかった「キレイ」に手が届く。
これから先、ずっと自分らしい美しさを楽しむために。
骨美容は必要不可欠。

25

「顔の骨も萎縮する」を意識する

以前からエイジングや老化でクローズアップされていたのは、「肌」そして「細胞の変化」です。ただ学べば学ぶほど、私が最近気になって仕方がないのが「骨」。医学的な観点から、年齢を重ねるにつれ「骨」も変化していくのは知っていました。背骨や大腿骨などの骨密度が低下することでさまざまなトラブルが起きる、と大きく話題にもなりました。それはあくまでも健康に関連するものであって、キレイになることとは直結していなかったように思います。

よく考えてみれば、顔の骨も骨は骨。ほかの部位と同様に、顔の骨の密度も低下、萎縮、弱くなっていくわけです。イメージは、骨の内部がスカスカになって、弱体化する。脚や腕の比較的太い骨などは年齢を重ねていくとちょっとした衝撃で折れたり、ヒビが入ったりすることが多くなります。顔の骨は細くて繊細で、肌表面と密着しているため、フォルムにも影響が出やすいのです。たとえば、鼻骨が萎縮してその上にある皮膚の張力が低下すれば左右の頬に引っ張られて皮膚が広がり、鼻全体が大きくなって見えます。また頬がこけると頬骨が目立ち、アイホールの骨周りが萎縮し、くぼむと、影ができます。その影や凹凸が〝疲れ〟〝やつれ〟〝老け〟といった印象を連想させてしまうのです。

若い頃の肌を空気がパンパンに入った、真ん丸な風船と仮定し、その中に岩が入っているとします。時間が経ち、空気が抜けて弾力がなくなると、岩の形が、ゴツゴツと表面に出て風船の外側にいびつなラインをつくり出します。この岩が骨であり、顔印象に大きく影響することに気付きます。

また、上顎との蝶番《ちょうつがい》部分＝耳下のコリは特に注視しています。特にこの部分はコリがあることで、顔全体のバランスを崩す原因に。私は定期的に代官山の山口整骨院で、顔の骨の位置を整えてもらっています。ほぐしてもらうことで顔が短く、コンパクトな小顔になります。どうしてこの部分が凝っているのか？　先生のお話では、現代人はとにかくストレスが多くて歯を食いしばったり、睡眠の質が落ちているからだそう。以前は食事のときに、１００回咀嚼して食べるのがいいとされていましたが、今は優しく30〜40回ほど嚙み砕くぐらいが理想。私も睡眠中に食いしばり過ぎて歯が欠けたこともありました。耳下のコリ、奥歯脇のコリコリした部分をこぶしでぐるぐるとこまめにほぐしたり、美顔器を使い和らげるのもいいはず。場合によっては嚙み合わせの確認が必要なこともあれば、ボトックスで嚙みしめの圧を弱めるという選択肢もあります。

26

女性ホルモンを意識。カルシウム、プロテイン、アミノ酸を積極的に摂る

骨は、内臓はもちろん、筋肉や皮下組織といった様々なものを支える、という重要な役割を担っています。「骨」に対してどのようにアプローチし、強化すればいいのかわからない人が多いのではないでしょうか。

骨量や骨密度が減少して強度が低下するのには、女性ホルモンの減少が大きく関係しています。女性ホルモンのひとつ「エストロゲン」には、骨からカルシウムが溶け出すのを抑制する働きがあります。でも年齢を重ねて女性ホルモンの分泌が減ると、エストロゲンも一緒に減少。骨の形成が追いつかなくなり、骨密度が低下するという結果に。

まずは女性ホルモンへのアプローチを意識することが重要だなと、あらためて思っています。

骨には適度な刺激を与えることが良く、それには運動が有効です。定期的に運動している方はいいのですが、そうでない場合は「かかと落とし」をするといいと聞きました。足の骨に衝撃を与えると、骨芽細胞を活性化させるたんぱく質が放出されて、丈夫な骨がつくられます。私は日頃のトレーニングに加え、カルシウム、プロテイン、アミノ酸といった、ドクターからおすすめされた〝骨にいい〟といわれているサプリメントも摂取しています。

年齢を重ねるごとに、顔にはシワやたるみといったエイジングの造形が加わっていきますが、その多くは自分がつくっているものだと年々実感しています。「話しているとき、こんなに顔がゆがんでいる」とか「片側だけ上がっている」とか。自分の顔や体のクセをきちんと見ることで、いろいろな点に気付くことができ、改善すべき部分も明確になります。顔の筋肉の偏りや骨の目立ち方など、たとえば月に1、2回、カメラを置きっぱなしにして、自分の動画を撮ってみる。すると肌と骨、それぞれの状態を把握することができるから、自分で気付き育てるべきポイントを明確にすることができます。

Task

#VOICE

声

声は特別な魅力です。
生まれ持ったままではなく、心を時間を注ぎ
育てることで、艶めき、温もりが宿ります。
気持ちを伝えることができる大切な「声」だからこそ、
優しく、温かいものでありたい。

27

「麗しい声」は腹式呼吸で出す

非の打ち所のない美人でも、話し始めた途端にそれまでの印象が一瞬で崩れることがあります。その逆もあって、言葉を交わした瞬間に美しく、魅力的に輝きを放っている人がいます。外見よりも声が印象を左右し、美人をつくることの証明です。

実は幼い頃の私の声は、低くてざらついていました。なので歌のテストがすごく嫌だったし、その声をからかわれることもありました。

でも大人になって、声にまろやかさが足されたような気がしています。今は「神崎さんといえば〝声〟だね」と言われるようになり、自分がどんな声を発しているかをいろいろなシーンで意識するようになりました。

同時に「声がとおる」ともよく言われます。ヒソヒソ話は筒抜けになってしまうほどですが、講座では「とても聞きやすい」と言ってもらえることも嬉しいです。声の先生にその理由を伺ったところ「呼吸の仕方がいい」そうです。学生の頃、運動部で大きな声を出すことが当たり前だったので、知らず知らずのうちに鍛えられ、腹式呼吸で声を出せるようになって今の声になったのかもしれません。

呼吸がしっかりできていないと、背中と肋骨の間がグッとかたまってしまうそうです。聞きやすい声、なめらかな声を目指すなら、肩甲骨のあたりや背中の骨と肋骨の間をトレーニングでほぐすことがまず大切なのだとか。そして、一日に何回か深呼吸をすることも加えてください。ゆっくりと深く吐いてお腹をへこませて、たっぷり空気を吸ってお腹をふくらます。これを10回繰り返す。あわせて管楽器のような筒が体の中心にあるように想像し、そこを声が真っすぐ通り抜けるよう意識して発声することが大事です。

28

不平不満は
ポジティブボイスで

「心地のよい声ですね」「聞いていると落ち着きます」。これは私にとって嬉しい褒め言葉です。

話し方は食べ方と同じように品性や育ちといった、にじみ出る印象を相手に与えるような気がしています。そして言葉と声は、連動することも実感しています。たとえば悪口を言うと声に品がなくなり、がさついていく。悪口や不平不満は、気付かないうちに喉を潰しながら発声しているのかもしれないな……と。でも嫌みを言いたくなるときは、誰にだってあるはずです。そういうときは笑いながら明るく言ってみる。意地悪そうな顔があるように、意地悪そうな声もあって、声帯も顔の筋肉と同じようにそうした声を記憶するのではないかなと思っています。だから意地悪を言いたくなるときほど、ポジティブな声で。するど悪口を言う気も失せてくるから不思議です。

口グセにも気をつけましょう。「えっと」「やっぱ」「なんか」「ちょっと」といったクセワードは、自分ではなかなか気付いていないかもしれませんが、相手の耳にはよく残ります。語尾が伸びる話し方も、やはりだらしない印象を与えます。自分を知るためにも、普段お喋りしている自分の声を録音して聞くことです。あらためて聞くと、声はもちろん口調もわかって自分を知ることができます。声や話し方を更新する、いいきっかけになると思うのです。

29

スキンケアの延長で喉のケアも行う

不調は、体の弱いところにあらわれます。私の場合は、それが喉。体調不良や疲れ、花粉やハウスダストで声がざらつき、出しにくくなることがあります。イベントや講座でお話しさせていただく機会も多く、喉の管理には気を遣っており、喉ケアはスキンケアの一部、いやそれ以上といってもいいくらいです。

こまめにうがいで殺菌、各部屋には加湿器、喉の保湿のために常温のお水を何度も飲むことがベーシックのケアです。喉にいいといわれるマヌカハニーを、毎朝そして帰宅時にスプーンに一杯口に含んでもいます。外出のときは、マヌカハニーやハーブのドロップをバッグに忍ばせ、気付いたときになめて喉を乾燥させないようにしています。それから調子がイマイチな日のスペシャルケアは、声優の友人に教えてもらった「大根おろしとリンゴのすりおろしを、お湯で割ってハチミツを入れて飲む」。これが、体が温まり喉の調子もいいんです。

　喉を冷やさないように、温めることも大切です。冷えは大敵なので、季節を問わず、冷えそうなときには首元にマフラーやストール、ネックウォーマーを巻くようにしています。特に飛行機など乾燥が予測される場所では、蒸気マスクを着用し、喉を温めつつ乾かさないように徹底した用意をしています。鼻が詰まったり、乾燥したりすると喉にもダメージがあるので、海外で購入した菌を寄せ付けないクリームを鼻の下に塗って、マスクをして寝ることもあります。実は髪を長く伸ばしているのも首周りを冷やさない工夫のひとつ。

　喉や鼻の調子がいいと、脳までクリアになり、一日中気分もいいものです。大切なものへのこだわりをもつことは、楽しいものです。そして自分をケアしていることが、「自分は大切な存在」だと思えるきっかけになると感じています。喉もスキンケアの一部としてお手入れしていくことで、年齢を重ねてもツヤのあるまろやかな声でいられるのではないかなと願っています。

30

声帯を老けさせない

声も老化するので、声にもエイジングケアが必要です。

実際、声の先生とお話しすると「老化を防ぐには、まず声を出すこと」だと。声を出さないほうがデリケートな喉にはいい気もしますが、リモートワークなどで人と会う機会が減り喋ることが少なくなってくると、声が出づらくなるのは確かです。私は休日は子どもと話すくらいなので、わざと独り言を言ったり、料理しながら歌ったり、意識的に声を出すようにしています。先生によると、「一定のトーンだけでなく、意識して広い音域の声を出すことが重要」とのこと。それには歌を歌うことがいちばんなのだとか。声が以前より出にくくなったり乾いていたり、緊張すると自分が思っているような声が出ないという方も、歌うことを習慣にして声帯をしっかり動かし、しなやかな状態に育むといいのかもしれません。

子どもに絵本を読むとき、登場人物になりきってそれぞれ声色を変えたり、声の高低を変えて感情を表現することを楽しんでいます。それも、いろいろな音階の声を出す喉の訓練になっているのかもしれません。その成果なのかインスタライブで話していると「神崎さん、ひとり劇場みたいですね」とよく言われます。いろいろな人格が登場し、話しているように聞こえるようなのです。それが、感情の豊かな人という印象にも繋がっているのでは、と嬉しく思います。

31

表情のある声で伝える

「繋がりたい」ときと「遮断したい」ときなど、シーンによって声のトーンは明らかに違います。声は楽器と同じく低い音から高い音まで、いろいろなトーン、表情を持っています。ですから、話すときには相手の小さなサインをキャッチしながら、声のトーンを合わせることを大切にしています。

講座を始めて20年近く経ちますが、はじめは5名だけということもあって、おひとりおひとりのお顔をじっくり見ながら話すということを続けてきました。相手の表情やまばたき、あいづちの角度やスピード、回数など細かな動きにも敏感になれました。繋がりたいときはできるだけ正面から目線の高さを合わせ、近い距離で、ゆっくりと、少し低めの声で話すことで、より伝わりやすいことを知りました。

大きい会場で「繋がりたい」ときは、１００人いたら１００人と目を合わせながら話すように意識をしています。目が合わないといくら声をかけても「繋がらない」と感じています。インスタライブでは顔が見えないので、あがってくるコメントの抑揚を確認しながら声のトーンを調整することも。相手の顔は見えなくても、「繋がりたい」という気持ちを声にのせているつもりです。

スムーズな声出しのために講座やライブの前日と当日には、極力「刺激物」「甘過ぎるもの」「柑橘系」「乳製品」を避けています。これは私だけの感覚かもしれませんが、それらを食べると喉に膜が張ったようになって、声がモタつき、鈍る感じがします。逆に温かいものを飲んだり食べたりすると、声帯やお腹が温まりほどよく緩み、なめらかでハリのある声になる気がしています。

人前で緊張する場合もあると思います。上手にやろう、いいことを言おう、と気負わず、「繋がりたい」という気持ちを声にのせる感じが大切。そして人前に立つ前に数回ジャンプをする。全身の緊張をほぐして、スッと気をラクにする方法のひとつです。

32

ストレス解消のためにも
声に出して「笑う」「泣く」

声を出して笑うと幸せな気分になれて、幸せなときには声にツヤが出ます。YouTubeでお笑いを見たり、ＳＮＳで動物の可愛くて面白い動画を見たり、笑うきっかけはたくさんあります。笑うことで、心から潤う気がしています。

逆に声を出して泣くことは、浄化作用をもたらすそう。私の場合、ドラマや映画を観て、「思うままに泣く」ようにしています。それも大声で、嗚《お》咽《えつ》することもあるんです。そうすると、声も顔も体も気持ちも驚くほどにすっきり。なんだかモヤモヤするな……という人はぜひ試して欲しいデトックス方法です。

お悩み相談の連載ページで皆さんからのメッセージを読んでいると、「笑う」「泣く」といった感情をあらわすことが、難しくなっている人が増えていると感じます。感情が鈍くなっているのかもしれません。アウトプットできなくなっているのはとても怖いこと。

たとえばひとりのときには、思いっきり感情を声に出してみるのはどうでしょう。イラッとしたときは「もう！」、落ち込んだときは「まあ、何とかなる！」といったように。そう声に出して、怒ったり、自分のことを励ましていると、自分のなかにあるモヤモヤやフツフツとした毒が吐き出されて、むくんでいた顔や体もすっきりするものです。特に嫌な感情は声にのせて、自分のなかから全部吐き出す!!　私は一日ごとによどみを一掃するように、心掛けています。

Task

#MAKE-UP

メイク

感度は高く、バランス感覚は鋭く。
構えず、思い込みを捨て。
旬の顔、そしてなりたい雰囲気に近づくため
自由に楽しむのがメイク。
そこに〝素〟の自分が透けて見えるぐらい
軽やかな印象が重なれば
「自分らしさ」という自信が育ちます。

33

大人のベースメイクは、なりたい肌色でつくる

コスメの選び方や付き合い方も、もっと自由でいい。そういう時代になったと感じています。かつてファンデーションの色選びは、自分の肌に合うカラーを選ぶのが基本でした。でも今は、なりたい肌色を選んで、洋服を着替えるように楽しむという意識に変わってきています。色が合わなくて浮いて見えるのなら、顔だけでなく、首にもファンデーションを塗って自然に仕上げればいいわけですから。

大人の肌は歳とともにくすんでいきます。むしろ、そのくすんだ色に合わせたファンデーションを選ぶ必要はないなと感じるのです。もし手の甲の色と違うことが気になるなら、手にも日焼け止め用のトーンアップできる少し白さが増すものを塗ればいいのです。

ベースメイクの仕上がりは、時代ごとに好まれる肌がかなり異なってきました。パウダーでもクリームでもファンデーションをむらなく均一に塗って、気になる箇所は完璧に隠すときもありましたし、抜け感があって素肌が透けるような仕上がりが好まれることもありました。

私が今、たどり着いた理想の肌は、ツヤとハリのある生っぽく、生命感のある肌です。そのための肌づくりには、5つのポイントがあります。まずは日焼け止めのうえに、不足しがちな潤いを補う下地で素肌を底上げします。次にカバー力のあるリキッドまたはクリームファンデーションを、極薄く塗って疑似皮膚を一枚纏います。不健康そうに見える目の下のくすみや気になる濃いシミや赤みなど、消したいところだけをコンシーラーでカバー。このときファンデーションとコンシーラーの境目をつくらないよう、なじませることを忘れずに。その上から、ツヤをもたらすクッションファンデーションを重ねます。すると肌自体がパーッと生っぽく仕上がり、溌溂とした肌感になることを発見しました。この方法、年齢を重ねても透明感のある肌が印象的な女優さんも行っていると、ヘアメイクの方から伺って間違ってないんだなと確信しました。仕上げは、額や小鼻の脇など皮脂の出やすく崩れやすいところにだけパウダーを薄く重ねて質感を整えます。ツヤ感を重視したいときは、のせないこともあります。

いくつものアイテムを使って厚塗りになりそう……と思われるかもしれません。最近のベースメイクアイテムはどれもが本当に優秀で、薄づきでもカバー力があり、肌と溶け込むようになじみながら表面には極上のツヤ感をもたらしてくれます。シーズンごとに進化が期待できる最新アイテムは、美を育むうえで常に情報を更新させて効果の高いものを投入していきたいと思っています。

34

〝ひずみ〟を消せば、可愛い色も似合う

当たり前の話ですが、年齢を重ねるほど、大人の肌は濁っていきます。

以前は何も考えず着たり、つけたりしていた色が似合わなくなったと感じる人が多いのではないでしょうか。「もう明るいパステルカラーは似合わなくなったんだな」と、淡い色を避けるようになる。でも〝いいな〟と思った色を自由に楽しみ、その色をまとったときのときめきはいつまでも諦めずにいたいと思うのです。そのために必要なのは、大人の肌にあらわれた〝ひずみ〟を消し、キレイな色が似合う肌をつくることです。

肌のひずみを消すには、高保湿系とカラーコントロール系の2種類の下地を

重ねて仕込むことです。まずは高保湿系の下地を顔全体になじませてから、カラーコントロール系の下地を輪郭よりひと回り小さい部分に重ねる。肌がツルッとなめらかに見え、かつトーンアップされるから、透明感のあるフレッシュな肌印象をまとうことができるのです。

またチークの入れ方を変えるだけでも、ひずみを簡単に打ち消すことができます。淡いカラーのチークを大きめのパウダーブラシで、ほうれい線を避けた頬全体に入れること。透明感がさらに広がり、可愛い色が似合いやすくなります。このときチークは練り系ではなく、透け感効果が高いパウダーを選ぶのもポイントです。

明るく淡い色のポイントメイクや服を楽しみたいときには、ひずみのない肌をつくること。それがいくつになってもキレイ色を楽しむコツ。

35

食わず嫌いをなくすと、メイクは進化する

メイクとの向き合い方は、人それぞれ。「この色を使って、こう塗ったら可愛くなる」という、鉄板メイクを誰でもひとつは持っているものですが、そればかりだとメイクの楽しみも半減。私は新しい自分を開拓し、メイクのセンスを育て続けるためにも、次々とやってくるトレンドに、怯《ひる》まず、楽しみながら挑んでいくようにしています。トレンドは、いい意味でのハードルです。一見びっくりするようなアイテムや今まで見たことのない、ハッとするようなカラーが流行っても、「自分とは違う世界のもの……」と決して食わず嫌いをせず、「よし、じゃあこれを自分なりに使いこなしてみよう」と、考えてみます。

私流の似合わせテクニックは、まずはいつものファッション、お気に入りの

コーディネートから離れて、プレーンな服に着替える。いつも上品なアンサンブルを着ている人が、そのままホワイトのアイラインやイエローリップを塗っても違和感が出てしまうもの。だから、ブラウス×デニムのようなシンプルな服を着てメイクを始める。今は感度の高いプチプラのメイクコスメも豊富。初めての色、質感にトライして、自分の可能性を広げることが大事です。

もちろん試して「さすがに振り切り過ぎかも」「似合わない」「好きじゃない」と感じたのなら、手放してOK。ただ使う前に「なし」と決めることはありません。今まで自分のなかになかったものには、「新しい自分」への可能性が詰まっていると思うのです。初めて自転車に乗れたときのあの感覚。一度でも体験したら、メイクはどんどん楽しくなり、乗りこなすセンスも育ちます。

美しさは、臆せず楽しむことで手に入る。越えていく楽しさを知るほど、キレイはどんどん進化します。

36

メイク法の見直しは定期的に

最近、顔全体の印象が垢抜けていないな……。そう感じたら、まずはメイクから見直すことです。眉の色やベースのつくり方などが、数年変わっていない人は特に注意が必要です。

旬の顔を感じ、そのバランスとアイテムを取り入れることから始めてみることです。

たとえばスカートを選ぶとき、若い頃と好きな色やデザイン、フォルムは変わらなくても、膝が隠れる丈にするだけで違和感なく着こなせるものです。そういうちょっとしたバランスの調整が、メイクにおいても大事なのです。たとえば新しく取り入れたカラーコスメであればそのアイテムを中心に、メイクを組み立てる。すると、顔全体の印象が更新され、旬なムードをまとえるようになるのです。

まずはベースメイク＋アイブロウだけで仕上げた顔に、いちばん使いたい色をつけてみましょう。そして、その発色や質感を見て、ほかのパーツをバランスが合うように調整しながら、色やラインを足していく。この方法さえ身につけておけば、似合わない色もなくなって、顔が時代に取り残されることもなくなるはずです。

37

いびつさは個性。
隠し過ぎて〝らしさ〟を消し過ぎない

〝いびつさ〟は個性。整い過ぎていない、形にはまらないからこその、可愛らしさというか、美しさや魅力が存在すると思っています。そして〝いびつさ〟をコントロールできるのが、メイクだとも実感しています。

眉には顔を美しく見せる基本の形があります。眉レッスンでは誰もがこの基本を描けるように練習しますが、ときにこの基本の形に入らずともありのままで魅力的な眉が存在します。ひとつの形にはめる、枠の中に入ることで美しくなりますが、それが必ずしもその人の魅力に通じるとは限りません。人と違う点こそが、その人の個性であったり、美しさをうむこともあるのです。

私にとって〝ほくろ〟も愛すべき〝いびつさ〟だと思っていて、右目の下の〝ほくろ〟をあえて消さないようにしています。ファンデーションで隠れてしまったときには、アイライナーで描き足して、強調するようにしています。このほくろがあることで覚えてもらいやすく、自分らしさが濃くなるような気がしています。メイクは自己表現のひとつ。形にはめることだけがベストととらえず、自分を引き出す手段と思っていきたいです。

38

アイメイクに執着しない

太いアイラインを描かないと落ち着かない、ボリューミィなまつ毛のエクステがやめられない、黒目を大きく見せるカラコンは絶対に外せない……。それもこれも、目元は〝こうなりたい〟という願望が集中し、それらを実現しやすいパーツだからなのかもしれません。

「今日はモードな感じできめたい」とか、「華やかなシーンに映えるメイクを」ということであれば有効です。日ごろからアイコンシャス過ぎるメイクに依存してしまうと、持って生まれた目の美しさよりもメイクが先に立ち、本来の瞳の美しさが薄れてしまうこともあります。場合によっては、古い顔に見えてしまうこともあります。

頑張り過ぎ、手を加え過ぎなアイメイクや〝目は大きく見せなければならない〟〝目が大きいほどキレイに見える〟という呪縛からはいったん離れて、本来の目元の魅力が、伝わるようなアイメイクを目指して欲しいのです。

たとえばアイシャドウは、濃過ぎるグラデーションや何色も使ったステップから離れて、ニュアンスカラーのワントーン程度に仕上げる。まぶたは肌の色に近い淡い色にしたほうが二重の幅が広くすっきり見えます。年齢を重ねるとまぶたにはネガティブに思われるくすみが出てきますが、私はそれがナチュラルな陰影と、いいニュアンスを生んでくれると感じています。アイメイクはいつもグラデーションアイシャドウ、アイライナー、マスカラの3点セットでなければいけないという思い込みをまずは捨てる。すると、瞳本来の存在感が際立ってきます。

バリエーションとして、目元以外にポイントを置くメイクも覚えておきたいところです。唇や頬（チーク）など、ポイントにしたい部分を軸に視点を変え、足したり引いたりバランスを取りながらメイクをすることで、いろいろな印象を持つことができるし、似合う服の幅も広がります。たとえば、唇に濃い色を塗るならアイカラーは塗らなくてもいい。アイラインとマスカラだけで十分キレイな顔に仕上がります。

メイクが自分よりも前に出るのではなく、自分と対等にあるぐらいが美しいと感じています。「メイク上手」ではなく「美しい人」を目指したいと思います。

39

眉だけで、顔は生まれ変わる

10代の頃、芸能の仕事をしていた時期がありました。撮影の現場に行きメイクをするたびに、見慣れているはずの自分の顔が毎回別人のように見えることがとにかく不思議でした。よくよく観察してみると、メイクさんごとに眉の描き方がまったく違い、それによって顔の印象が激変していることに気が付いたのです。

「5つの眉を描けたら、5つの顔が持てる」。もともと眉にコンプレックスがあった私は、この経験を通して、眉メイクの楽しさに目覚めました。

眉の描き方レッスンをするようになり、5万人以上の方の眉を見てきましたが、眉の位置を正すだけで骨格が整って見え、顔がとても美しくなることに未だに驚き続けています。眉が変わることで自信がつき、ファッションやメイクもどんどん進化していく。全身生まれ変わったようにキレイになっていく女性たちを、数えきれないほど見てきました。

眉はそれだけ可能性を秘めたパーツ。ですが、顔のなかでメイクを施すのがもっとも難しく苦手意識の強いパーツでもあります。だからこそ、長年染みついた描き方のクセを直すのは極めて難しく、アップデートできない人が多いのです。でも、ここを乗り越えることさえできれば、驚くほど毎日がラクになり、キレイの可能性もさらに広がっていくはず。まずは一度立ち止まり眉と向き合い、美容本でもメイク動画でもいいので学び直してみるのはどうでしょう。自分の眉の正解を知り、見慣れた眉を一度手放す。新しい眉が、洗練された美しい顔を見せてくれるはずです。

40

自分に飽きない〝3つの顔〟を持つ

私の持論ですが、3つの顔を持っていたいと常々思っています。

まずひとつが、トレンドの色やアイテムを楽しむ「旬の顔」。真っ赤なリップも塗るし、イエローのアイカラーものせてしまって、誰かにキレイと言われるのではなく、自分が楽しむメイクをした顔。

ふたつめが、ちょっと素顔感を残した「ナチュラルな顔」。最低限のベースメイクと血色感をプラスしただけの薄メイクで、抜け感のある顔をつくります。

そして最後が、誰からも好印象に映る「ベージュな女顔」。優しいトーンでフェミニンなムードのコンサバメイクは、初対面の人と会うときなども心地よく、オフィシャルなシーンをはじめ、さまざまな場面で重宝するはずです。

大人になるほどに、どうしてもメイクの幅は狭くなり、雰囲気や印象も固定されていきがちです。前にもお話ししましたが、メイクは自分を表現するひとつの方法です。そして自由に、手軽に楽しんでいいもの。メイクの幅を広げておくと新鮮さを失わずにいられます。周囲を飽きさせることがないのはもちろん、自分にも飽きず、自信もつく。これからも私は、3つの顔を使い分けていきたいと思っています。

41

素まつ毛、素の瞳を受け入れる

まつ毛は、魅力的な目元づくりに欠かせないものです。マスカラ、エクステ、アイラッシュ、なかでも私は断然、自まつげ＋マスカラ派です。

その理由は、自まつ毛であれば目元の印象を自由に操ることができるから。まつ毛のカールの角度を上げたり下げたり、太さや長さをアレンジするだけで、メイクやファッションに合った目元を楽しめます。メイクではかなわない、目自体の形を変えられるのも自まつげの魅力です。マスカラを塗り重ねることで自分の目の形を理想のアーモンドアイや切れ長に見せられます。そして何より〝素のまつ毛〟の可愛さ、キレイさがあると思っています。スタイリングをしないそのままの髪にピュアな雰囲気が漂うように、素まつ毛にしか出せないあどけなさがあります。それを美しさのひとつとして持っておきたいと思っているからこその選択です。

ボリュームを出し過ぎているエクステがやめられないという人は、よりナチュラルなデザインを意識してみるのはどうでしょう。目の表情や潤みのある瞳が活きると思います。まつ毛に負担がかかることは極力少なくして、日々のケアは丁寧に。私はエイジングによりまつ毛の変化を感じてから、まつ毛の美容液を使いつつ、マスカラは専用リムーバーを使わなくて済む、お湯で落ちるタイプを選んでいます。

最近「カラコンをやめられない」「外した自分の顔が許せない」といった声を耳にします。黒目が大きいと可愛らしく見えますが、表情、感情が薄れてしまう気がします。自分だけの瞳の色、縁のグラデーションが美しいと思うのです。

42

唇の存在感を強める

私も40代に入って唇がしぼんで薄くなり、人中《じんちゅう》が長くなって唇周りの余白が広がり、たるんで見えたり、顔が大きく見えたり、寂しげな印象を感じています。それに気付いてからは「潤いを与えれば完了」のリップケアではなく、ハリを与えたり、血色感を育んだりと、肌と同じように美容成分入りのアイテムを投入しています。一日に10回以上、乾く前にしっかりと塗る。唇をふっくらさせたいここぞという日は、リップマッサージも行います。上唇、下唇をアヒル唇のように指先でめくって、細かくつまむように刺激します。血行も促され、ボリュームアップ効果も期待できます。

スキンケアでボリュームのある唇を手に入れるには、時間がかかります。今すぐに理想的な唇を手に入れるにはリップメイクが有効です。「唇」は華やかさ、知的さ、品格を漂わせ、顔全体を生き生きと見せる重要なパーツ。そこを彩る「口紅」には絶大な美人効果があります。私は必ず、1ミリオーバーリップ気味に描き輪郭補整を行っています。大人の緩んだ肌にふっくらした唇を描くと、リフトアップ効果はもちろん大人の表情と美しい印象が出せると思っています。描き方は4ステップ。コンシーラーまたはファンデーションを肌と唇の輪郭の境目までなじませます。次にハイライトを上唇の中央の山、下唇の中央に仕込み、リップラインより外側に輪郭を描いてから、ブラシでリップを口角までしっかりと塗ります。この塗り方をしていると、インスタライブなどのときに必ず「ヒアルロン酸入れましたか？」と言われるほどです。

　ふっくらとボリューミィな唇には、〝老け〟を寄せ付けない力があると思っています。

Task

#HAIR CARE

髪

透明感あふれる髪色、風を感じる毛流れ、
触れ続けたいほどの柔らかさ。
思わず息を止めるような美しい雰囲気は、
髪で手に入れることができるのです。
たとえメイクをしなくとも、特別な服を着なくとも、
ただそれだけで美しい。
——それが、髪が持つ威力。

43

髪型は〝すべき〟より〝したい〟を選ぶ

みなさんはどのように髪型を決めていますか？　自分に似合う髪型？　それとも自分がしたい髪型？　私はずっと「自分のしたい髪型」を選び続けています。１５０㎝台の私の場合、全身のバランスを考えてボブやミディアムを勧められることがありました。でも10代の頃からお世話になっているヘアデザイナーの川畑タケルさんの「自分が気持ち良いスタイルがいちばんいいんだよ」という言葉に救われ、長年ロングヘアを続けています。

「神崎さんはなぜ、ロングヘアにしているのですか？」「切らないのですか？」とよく聞かれます。「40代になったのにロングでいるなんておかしい」という意見もいただいたことがあります。

私はベリーショートからロングヘアまで経験したなかで、ロングとボブが好き。ただ髪質そして生活スタイルを考えると、〝結わける〟ことがラクで、〝しばれる〟ことでキレイでいられる確率も高まります。また重めにカットすることで広がらずにまとまりやすい。キレイの精度が上がり、ストレスを減らしてくれるのです。好みと生きやすさが一致したこのロングヘアを選んでいます。

したい髪型と髪質をマッチングさせるには、自分の髪がどう扱いにくいのか、自分で髪悩みをしっかりわかっておくこと。そして髪の名トレーナーでもあるヘアスタイリストに自分の好みを知ってもらうことが大切です。さらに、なりたい髪型を確実に手に入れるには、サロンを訪れるときのファッションにも気を付けたい。頑張っておしゃれをする必要はありません。自分らしいファッションで行くことがポイントです。私も無造作に見えるウェーブヘアを希望していながらも、カチッと決め込んだコンサバスタイルで行って、髪型は気に入ったのに、しっくりこないな～と思った経験があります。

よく「サロン帰りの髪型をキープ、再現できない」と聞きますが、それは〝観察眼〟が足りないせいかもしれません。ヘアサロンは髪のプロの技を直に見て、手ほどきを受けられる貴重な場所。〝プロの仕上がり〟を手に入れたいなら、何より〝手の動かし方〟を覚えてください。洗い方からブロー、ドライのときまでのすべての手順。手がどのように動いているか見逃さないこと。そしてドライヤーやアイロンの熱や風量も大きなポイントです。ヘアサロンでの時間は髪の講習会だと思うこと。コツを聞いて終わりにせず、実践あるのみです。自分の髪を攻略できれば、髪は見違えて美しくなり、どの角度からも圧倒的な存在感を放ちます。

44

キレイの8割は髪で決まる

美容家という職業柄、頭からつま先まで美しさを育てる方法は熟知しています。なかでもいちばん早く確実に美しい印象をつくることができるのが、髪だと思っています。

今でこそ髪を褒められるようになりましたが、私の髪は太い・多い・硬い・乾燥・くせ毛の五重苦です。サラサラストレートのワンレングスヘアが流行していた頃、難しい髪質のせいで毎日気分は沈んで、美髪の人を見るたびに惨めな気持ちになったものです。

芸能の仕事をしていたときも、雨で髪がチリチリになった状態でシャンプーのオーディションに行かなければならず、サラサラヘアの女の子たちを見て悲しい気持ちになりました。髪にまつわるエピソードは、数えきれないほどありますが、そのコンプレックスのおかげで「どうしたら髪がキレイになるのか？」を突き詰めることができました。いろいろなヘアケアアイテムや方法を試し、工夫し、どう攻略すればいいのかを、探し続けることができています。

私にとって〝美髪〟に見せるための近道は、上手に髪へ熱を与えて、ツヤと輝きを育むことです。プロセスは3段階。ドライヤーで全体を乾かした後、うねりを伸ばすようにブロー。そして180〜200℃のストレートアイロンで手早く、キューティクルの乱れを整え、光が一定方向に反射するような面をつくる。これを丁寧に行うことでサラッサラで、ツヤッツヤの髪に。

髪は、髪質に関係なく美しく育めます。持って生まれた自分の髪質を諦めないことが肝心です。

45

頭皮ケアはコツコツ励む

グレイヘアをおしゃれとして楽しむのが、私の夢のひとつです。ただこれを「老い」ではなく「洗練」に見せることは、簡単ではないのも事実です。一般的に、白髪は老化現象のひとつとされています。髪の色は印象に大きく影響するからこそ、自分の好みや生き方にできるだけ合うよう、髪年齢を重ねていくことが大切だと思っています。

たとえば、70代は白髪を結い上げたスタイルが印象的なファッションデザイナーの島田順子さんのような美しさを楽しみたいと思います。今はできるだけ白髪の予防を取り入れながらも、この先は黒髪から白髪へ変わりゆく段階を、カラーリングなどでバランスを取りながら楽しんでいく予定です。

ここ数年、女性の抜け毛や薄毛といったヘアロスについても取り沙汰されていますが、私自身、できる限りストレスに負けない毛髪の土台をつくる頭皮環境のケアを行っています。

習慣にしているのが、まず頭皮の色チェック。青白く、透明感があれば健康な状態で、赤黒かったりくすんで見えたら頭皮環境が揺らいでいるサインだそうです。状態に応じて、頭皮のスペシャルケアをつどつど投入して、健やかに保つように心掛けています。

そして頭皮の柔らかさも必ず確認。頭蓋骨から頭皮をずらすように動かし、スムーズに動く状態が理想。動かないときはコリかたまって血流が滞っています。スカルプ系のアイテムを使っての、マッサージやブラッシングなどを取り入れましょう。私は週1回、スカルプクレンジングを行っています。毛穴の中に詰まっている汚れや余分な皮脂をしっかり落とすことで、うねりを軽減したり、艶やかな髪が育ち、薄毛や抜け毛のケアにも役立つからです。頭皮の状態や季節に合わせて選べるよう、クレイ、オイル、クリームタイプの3種類を用意。クレイはくすみを払い、オイルは毛穴の汚れをしっかりと溶かし出し、クリームは保湿力もあって髪を艶やかにしてくれます。シャンプー前、頭皮になじませる簡単なステップで、手軽に効果を実感できます。

シワやたるみがないパーフェクトな肌でも、髪が健やかでないと寂しい印象になってしまいます。反対に、肌が歳相応でも髪が豊かでツヤがありなめらかだと、生き生きと艶めいて見えるもの。それほどに、髪の印象は大人になるほど重要になってくるということです。

46

大人の髪にこそ〝清潔感〟を宿す

肌の質感が変化していくのと同じように、髪も老化していくものです。白髪、うねり、広がり、パサつきなど、質感が徐々に変わることで、清潔感もだんだんと失われてゆくように感じています。子どものようなツルツルのストレートヘアなら、洗いっぱなしのダウンスタイルでも清潔感がありますが、大人の髪にはうねりやパサつきが出やすくなるせいで、髪自体がすすけて、老いた印象になりがちです。だからこそ、日々のケアやスタイリングで手を加えることが重要になります。

髪に〝清潔感〟を宿すお手入れは、根元、髪の表面、そして毛先の全方位から。毛髪の根元、特にトップが立ち上がり丸みがあると髪型が決まるだけでなく、華やかさと品のある印象に見えます。そのためには乾かし方が重要。分け目と逆方向から乾かすと自然と根元から立ち上がりができます。髪表面にツヤやなめらかさを育むためには、トリートメントとともに、キューティクルを一定方向へ整えるドライ＆ブラッシングも大切。そして毛先はこまめにカットしてダメージを寄せ付けない。3秒で〝清潔感〟をつくるなら、ヘアアイロンで自然なワンカールをつけておくだけで見違えるほど美しい印象になります。まとまりをよくするためには、中間から毛先にむかって軽くヘアクリームをなじませるのも効果的です。

　手入れをしたらしただけ結果が出やすい髪こそ、手間を惜しまず、日々のお手入れを続けて「清潔感」を磨き上げます。

47

「前髪」で雰囲気を操る

前髪こそ、その人の雰囲気をつくる大切なパーツだと思っています。

たとえば安田成美さんの眉上の前髪はご本人のキュートでチャーミングな雰囲気が全面に出ていますし、パッツン前髪のシシド・カフカさんや秋元梢さんは、あの直線のバングがあるからこそ、圧倒的な個性と存在感を放っているなと感じます。こんなに印象を操作できる前髪と女性の関係はとても深い。これを利用しない手はないと思うのです。

私はサロンで「かき上げたときにふんわりとボリュームがあって流れるような動きが出て、リップラインにはらりと落ちるような長さに切ってください」と伝えています。センターパーツに分けて知的な印象にしたり、ふんわりと横に流してまろやかな女性らしさを出したり、9対1で分ければモードな印象に。気分やファッションに合わせて前髪を変えると、その日に目指したい印象の精度が高まって、メイクで変わるのとはまた違う新鮮な気分を楽しめます。

以前、うぶ毛を額にピタッと這わせるスタイリングをしたことがありました。SNSではたくさんのコメントが集まり、お褒めの言葉をたくさんいただきました。ほんの少しのことでも、新鮮な印象をまとえることに驚きました。

髪全体のシルエットをがらりと変えるのは勇気がいるけれども、前髪のアレンジを上手に取り入れ、色々な雰囲気を楽しみたいと思っています。

Task

#BEAUTY SLEEP

睡眠

眠ることで美は育ちます。
正しく言えば「美を育てる睡眠」を
しっかりととることができれば
美しさはすくすくと育ってくれるのです。
頑張り、戦っている頭と心、体を休ませる。
明日もまた自分らしく生きるために。

48

快眠するための方法を持つ

体の疲れを癒やすためには、何よりも睡眠が大事だということは周知の事実。理想の睡眠時間は7～8時間といわれていますが、今の時代なかなか難しいことでもあります。では、十分な睡眠時間を取ることができないなら、美しさを諦めなければならないのか？　そうではありません。時間が取れないのなら「質」にこだわることです。今どんな眠り方をしているかを、あらためて見直すことから始めましょう。長い時間ベッドの中にいたからといって、疲れを取り去れるとは限りません。そして、若い頃はそれこそ好きなだけ眠ることができたのに、歳を重ねると〝眠りたくても眠れない〟という現象に陥ることも多くなります。

だからこそ、大人の睡眠には、工夫が必要です。質の良い睡眠を得るための方法は人それぞれなので、まず自分に合う方法を見つけることです。

私の場合、睡眠時間はだいたい4〜5時間と短め。多忙な時期はさらに少なくなることも多いです。限られた時間で、〝より深く、より良質な睡眠を得る〟には？　美と健康の原点ともいうべき「眠り」にスムーズに移行するため、自分に合った寝具や香りをこだわり抜いて選んでいます。

特に枕は自分に合ったものを。頭の形や首の状態に合わせ、そしてパーソナルな好みによっても一人ひとり選ぶべきものが違います。

加えて気持ち良く眠りにつくための、睡眠導入剤的な役割を果たしてくれる香り。私はお気に入りのエッセンシャルオイルをティッシュに数滴たらして枕元に置き、ほのかに漂う香りに癒やされています。

最近のお気に入りは、フランキンセンス。選ぶ香りは、その日の気分や体調、季節によって、ぴったりくるものが変わってきます。だからひとつに決めつけず、選択肢をいくつか用意できるといいかもしれません。私はベッドに入る前に今の自分がどんな香りを欲しがっているのか、直感で選んでいます。ときにはアロマではなく、フレグランスをまとうこともあります。

さらにもうひとつ、私の快眠にまつわる重要なキーワードは「あったかい」という温度感。実は、夏でもシーツの下にホットマットを仕込んでいて、腰から足の位置に敷き、心地よい温かさをキープしています。自宅で過ごしているときは、夏でもモコモコの靴下を履いているほど。いつだって、ぬくぬくとした温もりに癒やされていたいのです。だからこそ、私の〝充電器〟ともいうべきベッドは、季節を問わず「あったかい」ことが最重要なのです。

ハードだった一日、本当に疲れきってしまったなと思うときは、家に帰ってベッドに直行しようと決めています。足元からだんだんと温かいものが沁み広がり、体も心もほぐされていきます。温もりは疲れを癒やし、幸せな心地にしてくれます。

寝る場所を自身の癒やしの〝巣〟にする——そのために、自分らしくアレンジすること。選び抜いた枕と、香り、温もりが生み出す心地のいい調和、それが私にとって必要不可欠な快眠の方法です。

49

定期的に睡眠環境を見直す

子どもたちが小さい頃からずっと添い寝をしているので、広いベッドの真ん中でのびのびと寛ぐことは夢の夢。今も端に縮こまって仮眠するような状態が続いています。

ベッドという小さな空間を整える。一生のうち4分の1もの時間を過ごす場所だからこそ、より快適にしたい。そして、季節によって、その日の気分によって、いろいろと工夫を施し、手を加えて、より良い環境をつくっていきたい。いつも気にかけておきたい場所なのです。

マットレスは、起きたときに「疲れが取れていないな」と感じたら、見直すタイミングかもしれません。私は良いものがあるという情報を知ると、念入りにリサーチします。人それぞれに好みの硬さや質感があり、自分の体型や悩みの解消に寄り添ってくれるものなのかどうかも重要。そのためにも最低限、自分のデータ（好みや希望など）をしっかりと把握しておきたい。マットレスは頻繁に買い換えないアイテムだからこそ、私はメーカーのホームページ、クチコミのほかに、同じようなライフスタイルの先輩方の愛用品や、泊まったホテルのベッドの寝心地なども参考にしています。

枕に関しては、それこそたくさん試して、そのときどきのベストを選んできました。私はストレートネックなので、首のシワ対策以前に、いかに首がラクな状態で寝ることができるのかを重視しています。今使っているのは、まさにストレートネック用に開発された枕で、後頭部をのせる部分が凹んでいる形状です。枕も、起きたときに首から腰にかけて不調を感じる場合は、見直しのサインです。首だけではなく、頭の形、寝ているときのクセなど、いろいろな要素が関わってくるので、自分にとっての究極の枕に出合うことは簡単ではありません。自分の健康をサポートするものだからこそ、妥協せず、探し続けたいと思っています。

それからここ最近はずっと、ベッドリネンは白と決めています。すべて白で統一しているのは、治癒力が高いと聞いてから。素材もひととおり試し、結果、コットンに行き着きました。コットンシーツの素朴な肌ざわり、心地よさに温かな幸せを感じます。枕カバーだけは、肌や髪のコンディションによってシルク素材のものを使うこともあります。シルクの効果で保湿され、なめらかな肌や髪になれるのが魅力。

ベッドルームのカーテン選びも大切です。私は、窓から入る光が眠りを邪魔するので、カーテンで遮断しています。そして交感神経を活発化させないためにベッドルームには携帯電話とパソコンを持ち込まないようにもしています。

真っ暗にすることで、穏やかに眠りにつくことができるようになりました。そして、カーテンは音の遮断にも役立ちます。サイレンや車の音も、厚めのカーテンに替えることで軽減されました。光だけでなく、耳から入ってくる音の影響にも気を配っています。

　部屋を真っ暗にしないと眠りにつけない、遮光カーテンで浅い眠りを改善したいなど、眠りの条件やパターンにも個人差があります。光だけでなく、ベッドルームの窓の大きさ、方角、ベッドの配置や高さ、窓からの距離も計算して考えたいものです。

　ベッドにいる時間は自分の五感を研ぎ澄ませ、些細な違和感も見逃さないこと。ただ寝るのではなく、良質な睡眠を得るために、面倒くさがらず、諦めず、決めつけず、定期的にベッドルームをアップデートしていきましょう。

50

就寝時間に照準を合わせて夜を過ごす

夕刻を過ぎると、その日のうちにやるべきこと、明日に持ち越すことが見えてくるので、今夜は何時にベッドに入ろうと就寝時間を設定します。そしてそれをできるだけ守るように、寝るまでの時間配分を組み立てます。本当は毎日同じ時間に眠りにつき、リズムを整えるのが大事。ですが一日一日の仕事量が違う私は、基本の就寝時間を決めつつも、その日その日で寝るまでの時間割を組み立てています。

お風呂に入る時間は、就寝時間から逆算しています。人は体温が下がるときに眠くなるといわれているので、ベッドに入る1時間半~2時間前にはバスルームへ。

湯船に浸かる時間はその日の体調によって変えています。エプソムソルトを入れてささっと15分くらいで済ませることもあれば、40～50分ほど長湯することも。長く浸かることで体が疲れてしまうこともあるので、自身の体と対話しながら、無理をせず、ほどよいところで切り上げることにしています。

今でこそ、不眠とは無縁ですが、何年か前にはなかなか寝つけないという時期もありました。眠りが浅い、眠れないというときには、眠りの質を上げるセロトニンをつくるトリプトファンなどのドリンクや舌下オイルなどもあります。それから、胃腸に負担をかけないこと。夜は食べ物や冷たい飲み物は控えて、温かいものしか口にしない。

体や心、頭の疲れに目を向けて、全力で自分を休ませることも大切にしたいです。

51

交感神経をなだめ、心を鎮める

一日のなかでも交感神経が高まった状態が多い私は、副交感神経になかなかスイッチできない体になっていると感じます。なので交感神経をいかに鎮めていくかがとても重要。夜は、できるだけ神経が高ぶらないように、穏やかに落ち着いて過ごせるようにと、自分なりの工夫をしています。

家の中の空間は、ほぼどこも間接照明です。視覚的にも穏やかな気持ちになれ、心がほぐされていくように感じます。また、夜にドラマや映画を観るときは、脳や心がざわつかない、できるだけ幸せや笑いを心地よく味わえる作品を選んでいます。

その日にあった嫌なこと、明日の憂鬱な案件などで頭や心がモヤモヤしたら、料理に没頭します。煮込み料理をしたり、野菜を細かく刻んだりして、キッチンでひとり黙々と作業。美味しそうなにおいが漂う頃には、この料理を食べることが楽しみになっていて。切って、炒めて、塩を入れて……と料理をしているときは、余計なことを考えなくていい、というか考えられません。

本当はメディテーション（瞑想）でその状態になれるのが、理想。でも習得するのは簡単ではないようです。私の場合、料理のほかにも、掃除やアイロンかけなどじっくりと家事をするなどして、心をなだめています。

寝るときに何を着ていますか、という質問を受けることも多いのですが、私は肌ざわりの良いパジャマ派です。パジャマ選びは、柔らかくて、暖かくて、肌に優しい、とにかく気持ち良さ重視。ホームウェアブランドと、保湿にこだわったアイテムをコラボレーションしているほど、部屋で着るものにはこだわりがあります。ふわっふわのパジャマに包まれる安心感と幸福感で、かたまった体もほぐされ、心も柔らかくなります。

活発な交感神経をなだめ、副交感神経を優位にして休むこと。日々の仕事や育児、家事などでせわしなく戦っている私たちは、質の良い眠りにスムーズに入っていくためにも、意識的に自律神経をコントロールすることがますます重要になっていくと思います。

52

一日の計は朝にあると心得る

朝、起きると、今の悩みをカウントすることから始めます。ベッドの中で布団にくるまれたまま、起き上がるまでの15～30分、私の今の悩みって何だろう？　と、自分の課題を数えていきます。課題が次々と思い浮かんできて、そのひとつひとつの対処法や、クリアする方法を考えながら起きるのが日課。というと、ネガティブなところから一日を始めているような印象ですが、そうではなく、前向きに効率よく今日を過ごすためのルーティン。朝という一日の始まりに、悩みをそのまま放置せず、どう攻略するかを冷静に考えて作戦を練ることで、一日の生き方、目線が変わると実感しています。

何十年も生きていると、目覚めた時点ですぐに、今日の体がどういう状態にあるかが感覚的にわかります。重たい、軽い、すっきりしない、やる気が満ちている……。そんな体や心の声を感じることができる朝の感覚を、私はとても大事にしています。不調を感じたら、ペースダウンしてスタート。調子が良ければ、一日のタスクを増やすこともあります。

朝どういう気持ちで起きて、どのように過ごすか。それが、その日一日に、大きく響き、その一日一日の積み重ねで人生が変わっていくと思うのです。一日の計は朝にあり。気持ち良くスタートできれば、その流れに乗って一日中ポジティブに進んでいくことができる。振り返ると、小学生の頃、母の小言を耳にしながら慌ただしく学校に向かう――あの時間が一日中私の心を曇らせチリチリさせていたなと、懐かしく思い出します。だからこそ朝の時間は、できるだけ余裕を持って、気持ち良く過ごせるようにしたいです。

朝食のテーブルも、少し優雅に、ランチョンマットやお皿の並び具合にも気を配ります。雨が降っている日は気持ちが晴れるような曲を選び、晴れていたらさらに気持ち良く過ごせるような曲を流したり。息子たちにとっても、気持ちの良い朝でありますようにと、ささやかな母心をしのばせて。できるだけその日一日がいい日になるよう、一人ひとりの実力が発揮できるように、そのためにも「朝」という透明で穏やかなスタートを大切にしたいと思うのです。

目覚まし時計はかけますが、その前に目が覚めることがほとんどです。5時ぐらいには起きるので、朝日が昇り、色を鮮やかに変えていく空を眺めながらお弁当をつくり、朝食を用意。朝から出かける予定があれば、余裕を持って自分の身支度もできるように、時間を計算して早めに起きるようにしています。

〝寝るまで〟を整えて、より良い睡眠をとる。〝目覚めてから〟を心地よく工夫して、より良い一日を送る。行動、目に映るもの、触れるもの、食べるもの、聴くものすべてをできるだけ丁寧に選び、整えることを大切にしています。

Task

#FEMCARE & HORMONE CARE

フェムケアとホルモンケア

人は外側を育てることに熱心。
でも実は、内側から育てなければ
美は長く続かないと知って欲しい。そのなかで、
今まで以上に本気で向き合いたいのは
フェムケアとホルモンケア。
〝女性〟が変化していくプロセスを
自分らしく楽しむために。

53

フェムケアを堂々と積極的に

フェムテック（Female と Technology を組み合わせた造語）のアイテムやサービスが、日本でも急ピッチで浸透していることを実感しています。それにともなって、かつては表立って語ることが難しいとされていたこの分野の話が、だんだんと日常のお喋りのなかにも出てくるようになりました。

デリケートゾーンは、繊細で、くすみやすく、たるみやすい部位。多くの女性は、今まで正しい知識を得る機会が少な過ぎたこともあり、洗浄力の強いソープを使っていたり、生理用ナプキンの素材にこだわることなく、吸収量や形状などの実用的な面だけを目安に購入してきた背景があります。

生理中は不快であっても仕方ない、我慢してやり過ごす。そんな毎月繰り返される厄介な体内活動から、可能な限り苦しさや痛みを軽減して、その期間を快適に過ごせるようにしたい。そのためには……？　という課題に、より良い答えを見つけようと、日本でもようやくあちらこちらでプロジェクトが立ち上がり、フェムテックを簡単に使いやすいものにしようと動き出しています。これは、とても大きな変化です。ここ数年で飛躍的に増え、改良も進んでいる数々のアイテムを、知らない、試さないのはとてももったいないことだと思っています。

ここからはより積極的にフェムケアの情報を取り入れ、良いと思ったものごとをシェアし合い、一人ひとりが自分にとってのより良い答えを見つけていくべきで、ひとりで悩んだり、恥ずかしいこととして小声でささやかなくていいのです。

54

自分都合でフェムテックを使い分ける

次々とリリースされる、フェムテックことフェムケアに役立つアイテム。具体的に何から取り入れたらいいのだろうと迷っているなら、まずはデリケートゾーン用のソープを選ぶのはどうでしょう？

私は専用のウォッシュソープに加え、オイルやセラムなどの保湿ケアアイテムをアウトバスで使っています。最初は「洗うものやマッサージで、そんなに変わるものだろうか？」と思っていましたが、肌も気持ちも柔らかく変化したように思います。専用のソープで洗うことで、ＧＳＭ（Genitourinary Syndrome of Menopauseの略で、閉経関連尿路生殖器症候群のこと。女性ホルモンの減少により起こる、外陰部や膣の萎縮、乾燥、かゆみ、頻尿、尿もれ、性交痛などの症状）や菌などの予防にもなるメリットがあります。

それから、試さず嫌いの人が多いようですが、吸水ショーツは一度使ってみて欲しい。私も体験するまでは、漏れないだろうか、ずっと着けているのって衛生的にどうなのだろうか、洗う手間がかかりそう、などと気持ち的にもハードルが高かったので、躊躇する気持ちもよくわかります。

実際に試してみると、とにかくラク！　ナプキンを何度も取り替えたり、漏れていないかを気にしたり、そんな手間や心配も少なくなりました。そして肌への触れ心地がとても自然で、窮屈さも感じません。

ナプキンは、デリケートゾーンに接触している感覚がはっきりとあって、いかにも〝使っている〟感があります。吸水ショーツを一日試しただけで、肌へのあたり具合がとても自然で、はき心地もいいとわかりました。何事も試してから選択するべき、やらずに判断するのはもったいないなと、あらためて感じたほどです。
ですが外出時、特に撮影の予定がある日は、厚みのある吸水ショーツだと衣装にひびいてしまう可能性もあるので、ナプキンを選ぶことが多いです。臨機応変に、ケースバイケースで選択肢を用意しています。生理日数や量によって、吸水ショーツとナプキンを使い分けてもいい。どちらかではなく、自分の心地よさに合わせて選ぶ。フェムテックを自分都合で選び、使いこなしていけばいいのです。

新しい視点として、吸水ショーツは生理のときだけでなく、尿漏れ対策にも有効だなと考えています。出産を繰り返した経験がある人はわかるかと思いますが、出産後の一時的な現象かと思っていたら、以降も苦労しているという声も多いのです。私も3回の出産経験があり、ときどきヒヤッとすることがあります。母親たちの会話でよく上がるのが、子どもとトランポリンで遊んだりなどの〝跳ぶ〟行為中に尿漏れしそうになった、という体験談。そのほかにも、急に小走りしたり、くしゃみをしたときなどに起こりがち、という話もよく聞きます。

でもこれは、出産経験にかかわらず、エイジングとともに女性の大きな悩みとしてクローズアップされてくるわけです。コントロールできず、尿漏れが起きてしまったときのメンタルダメージは相当なものと耳にします。吸水ショーツなどで万が一に備えるだけでなく、原因となる骨盤底筋の緩みを解消すべく筋肉を鍛えるトレーニングなど、ケアも早め早めに始めたい。将来を見据えた対策は、体だけでなく、メンタルのためにも必要だと思うのです。

55

体と心の声に耳を傾ける

「更年期」という言葉は、中高生の頃から耳にしていました。でもそれは、当時の自分にはまったく関係のない話で、この先も自分の身に起こる出来事だなんて思えない、まったく現実味のないワードだったのです。

50代を目前にした今、顔や体にエイジングのサインが出始め、年に一度の人間ドックの結果を見るのがだんだんと怖くなってきたりして。もう、人生の折り返し地点を通り過ぎたのかもしれない。そんなふうに自身の人生を俯瞰して考えるようになった今は、自分も日々衰えいつかは死に至る〝生き物〟なんだということを強く実感しています。

それからは、些細な変化も見逃さないように自分のことを見てあげるようになったし、先回りをして対処できることはする。そうやってこの先に訪れるかもしれない不安にもおびえず、進むことができたらと思うし、更年期に関しても学びを深めて選択肢を広げておきたいと思い、行動し始めました。

　思春期のどうにもならないイライラや、更年期の不調など、メンタルも体もホルモンの多大なる影響を受けています。思春期のイライラは、ホルモンの分泌が急激に増加することが原因のひとつ。逆に更年期には、ホルモンの減少が自律神経の失調やメンタルの不調を引き起こしているということは、たぶん誰もが知るところです。特に女性の場合は、卵巣から分泌される女性ホルモン（エストロゲン）が一生を通じて体の変化と大きく関わっていることで、さらに影響が色濃く出るわけです。

　更年期は閉経前後の10年ほどといわれ、症状の出始めは早い人で40代前半といわれていますが、最近では30代の人にも症状が出ていると聞きます。ホルモン値は検査で計測できるわけですが、その数字だけではわからない部分があるとも感じています。たとえ数値的にはまだ更年期ではないよと示されても、自分の感覚で体とメンタルの微妙な変化を察知したら、何か手立てを考えて動き出すきっかけにしたほうがいいかもしれません。

私が自分の微妙な変化に気付いたのは、45歳になる少し前でした。理由もなくうつうつとする、それまで感じたことのない、モヤがかかったような気分。4つできていた仕事が2つしか終わらなかったり、短時間でこなせていた家事が明らかに遅くなってしまったりと、生活に気になる変化が出るようになり、あれ？　と思いました。何だろうこの気持ち？　それまでは、朝起き抜けに頭に浮かべる悩みや課題さえもクリアで、力強いものだったのです。それが一変。「私の人生って何なんだろう……」とネガティブな思考になり始めた。そう、まるで二日酔いの朝みたいに、もやりとした嫌な感覚。これは絶対に年齢的なものからきていて、更年期が関係していると決め込み、クリニックに行きました。

ところが、数値的に問題はなかったのです。女性ホルモンはまだまだ働いていて、食事も栄養もバランスよくきちんとしていると褒められたほどです。でも体が変化し始めているという実感はあるし、いずれにしろ、この後もさらに変化していくことは確実と思い、体感を重視して、これをきっかけに今できることを始めようと決めました。生活に出てきた変調も改善したかったし、何よりも気持ちのモヤつきが私には最もしんどかったのです。

数字で納得せず、自分の体や心が送ってくる〝今までと何か違う〟というサインを見逃さないこと。結果、自分にとって良いタイミングで、これからの体について考えるきっかけになりました。自分のことは自分がいちばんわかるはずだし、わかろうとすることを怠らないように。体と心が発する小さな声にも、丁寧に耳を傾けていくこと。数字と体感を切り離し双方から考える、これは私がとても大切にしていることです。

56

違和感をひとつずつ改善する

うつうつとした晴れない気分、体とメンタルの不調を改善するために、いろいろなことの見直しを始めました。「数値は特に問題ないけれど不調を感じるなら漢方はどう？」とすすめられて、試したこともあります。むくみが出たりして、私には合わないなと判断し、やめたけれど、気になることはひとまず試して様子をみる。そんなトライ&エラーを繰り返しながら、自分に合う対処法を探しています。

何よりも、イライラ、不安、モヤモヤと曇っている心をクリアにして仕事がしたい、子どもたちと気持ち良く向き合いたい、そのために何とかしたいというのが、ケアを始めようと思った大きな理由です。

すでに更年期で悩んでいる友人たちからは、思っていた以上につらいという声が多く、人と会うのも面倒で引きこもりがちになっていたり、逆にメンタルは問題ないけれど、体が火照って仕方がないと嘆いていたり、症状の出方は人それぞれ、さまざまです。できるだけ日常に変化が出ないようにしたい、私のなかでスイッチが入りました。

プレ更年期を察知したら、我慢するのではなく、自分らしい生活を取り戻すために動けるうちに動いてみる。気持ちは落ちていたとしても、少しでも明るくなればと願い、進むこと。気力が落ちてなかなか頑張りが利かない時期だけれど、自分をラクにしてあげるために、手を尽くしたいと思うのです。

睡眠の質もホルモン量を左右するので睡眠環境を見直したり、運動への取り組みを見直したり。それから、もっとこれはこうだったらいいなとか、これ心地悪いなとか、どんなささやかなことでも違和感を覚えていたものごとを見直して改善していきました。生理用のショーツもそうですし、それ以外にも身に着けるアイテムのちょっとした違和感、チクリとくるものやイラッとくるもの、環境にまつわることをひとつずつ見直していく。ランジェリーもワイヤーなしのものを選ぶことが増えました。かつてはギュッと締め付けるタイプが好きだったけれど、今はホールド力はありながらも締め付け感がないことが最優先です。

自分を取り巻く〝心地よさ〟を大事にしながらもの選びをすると、棘が取れていくというか、刺さっている棘が溶けていくように感じるのです。特別なことではないけれど、大切なこと。コツコツとした小さな積み重ねによる改善が層となって、自分の快適な生活を形作り守っていく。そんなふうに、自分をないがしろにせず、大切に目と心を向けることで、体もメンタルもずいぶんとラクになってきました。そして、こうして棘を取り除いていくことが、私なりのフェムケアになっているのではないかと思います。

57

ホルモンと上手に付き合う

更年期の予兆、体とメンタルの不調を感じてからしばらく経過して、生理不順が始まりました。毎月ぴたりと決まった日に始まっていたはずが、大きくずれ始める。それも1週間、2週間というズレ。今月は2回もきた？　という乱れも出てくると、いよいよホルモンバランスが変化していることを実感します。

そして48歳となる今は、ホルモンの補充療法を始めました。自分に足りないホルモンをいくつか補うことで、体調もかなり改善できました。

3ヵ月ごとに検査をしていますが、ホルモンのバランスはその都度変わります。私が補充しているのは、主に成長ホルモンや男性ホルモンなど。検査の結果によって種類や量が変わります。

そういう経過観察も含めてきちんと診ていただくために、信頼できるかかりつけの先生を決めるのが安心。ホルモンのバランスはセンシティブだし、慎重に向き合いたい。補充療法のリスクもゼロとは言い切れません。リスクが少ないといわれるナチュラルホルモンもありますが、それでも慎重を期して。私は腫瘍マーカー（腫瘍の発生、種類、進行の度合いなどを判断する手がかりとなる検査）も取り入れながら、慎重に進めています。

自分の体が今どういう状況なのかがわかると、冷静になれます。わからない、見えないという状況は、必要以上に不安を駆り立ててしまうことがあるから。健康、美容、何でもそうですが、自分ひとりでフツフツと悩むよりも、プロの助言を受けたり、情報を持っている人の話を聞いたりして、そのうえで自分で選択することが大事です。

こういうときこそ、人生の先輩方に頼って、何をしているのか、どうやって乗り越えたのか、リアルな情報を得ることをおすすめしたいです。この分野の話はこちらから積極的に情報を取りにいかない限り、あえて語られることのないもの。知りたいと積極的に動けば、同じ経験をした方々から情報をいただけるのではないかと思います。

ホルモン検査といっても、婦人科で出てくる数値は健康を維持するためのもの、美容を維持するための数値はまた別の視点になると聞きます。だから40歳を目安に補充療法をすすめている美容系のクリニックもあり、実際にこの年齢をきっかけに始めたという先輩も多いことを知りました。それを知ったからといって、自分が40歳から始めていたかどうかはわかりません。けれど、もっと早くから知識として知っておきたかったとも思います。選ぶ選ばないに関係なく、自分の選択肢を増やしておくことは大事だからです。

ホルモンの補充療法を試し始めて、そこにサプリメントも組み合わせたいと思ったときも、何人かの先輩方にリサーチをしました。体験に基づいた情報はとても貴重ですし、症状もそれぞれ違うだけに合うものも異なるものなのだなと、いろいろなことを学ぶことができました。

私はNMN（ニコチンアミド・モノ・ヌクレオチド）がとても合うとわかり、3万㎎配合の高濃度なサプリメントを飲んでいます。いわゆるサーチュイン遺伝子（長寿遺伝子）を活性化させる働きがあるといわれる成分で、本来は体内でつくられる物質なのですが、エイジングとともに減少してしまうのです。NMNを取り入れてから、疲労も回復しやすく、集中力も戻ってきたと感じています。今のところは、このホルモンの補充療法＋NMNという組み合わせがベストだと感じていますが、ホルモンバランスは変化し続けるので、定期的に見直していくつもりです。

58

自分のバイオリズムを把握する

今また、生理が予定どおりに来るようになりました。ホルモンを補っているからということだけではなくて、体調やメンタル的なケアも関係していると思います。ニキビが発生する原因も、いくつもの要素が組み合わさっているわけですが、女性の不調、生理の不順は、ひとつの理由によるものではなく複雑。もちろんホルモンのことはとても重要ですが、そこだけを整えても、即改善とはならなかっただろうなと思います。

睡眠をきちんととれているか、食事はどうか、自分の気持ちを二の次にしていないか。トータルでケアしなければ、やはり良い方向には行かないなということもわかったので、さらに多角的に〝自分を見守る〟ようになりました。

見守るという意味で、再開したことがあります。それは、自分の生理周期を把握すること。私はずっとＰＭＳ（月経前症候群）とは無縁でしたが、〝今までと何か違う〟という体のサインを感じた45歳頃、突然に症状が出てきたのです。お腹が痛い、体がだるい、むくむ、そして理由もなく憂鬱……。生理について今一度きちんと向き合い、整えられることは整えたいと、ルナルナを利用し始めました。

ルナルナは月経周期の管理をベースに女性の健康をサポートする健康情報サービスで、アプリで簡単に管理できるため、利用中の人も多いのでは。若いときは、自分の生理日を予測して、旅行の計画に役立てたり、避妊のためのデータとして活用する人が多いと思いますが、妊活など女性の各ライフステージに役立つ使い方が可能。私は、近い将来の閉経に備えて、あらためて自己管理をしよう、自分のサイクルを見ていこうと思ったのです。

自分のリズムを知ろうと記録し始めたら、どのぐらいの周期で生理があるのかはもちろん、ちょっとしたバラつきも目に見えてわかるし、これぐらいのズレはたいした問題ではないなとか、あらためて見直すことで、予測することで、気持ちに余裕が生まれました。

メンタル的な落ち込みも、体のバイオリズムと照らし合わせると、当たり前のこととして受けとめやすくなります。生理が女性の体と心に大きな影響を与えていると当然知っていながらも、自分のデータを「目で確認」し「知ること」で、とてもラクになれるのです。イライラしても、これもホルモンのせいだと結び付けて納得できるのです。

私は以前に、エクオール検査を受けたことがあります。エクオールとは、大豆イソフラボンが腸内細菌によって変換されてつくられるもので、女性ホルモン、つまりエストロゲンと似た働きをすることで知られています。検査ではこのエクオールを腸内でつくれているか否かがわかるのです（エクオールを生み出す腸内細菌は、すべての人の腸内にいるわけではありません)。
更年期でエストロゲンが減少した際に、このエクオールが代わりに働いてくれるので、エクオールが少ない人は更年期症状が重いという研究結果があります。私の腸はエクオールを「つくれている」という結果でした。もし「少ない」という結果だったらエクオール産生菌を活発化できるように食生活を改善する、「つくれていない」ならばサプリメントを飲むなど、早くからフォローを始められます。これも自分のデータを「知ること」のひとつなのです。

これから先は、閉経をどうコントロールしていくか、閉経マネジメントがテーマになってくると思っています。仕事でドクターと対談する機会も多いのですが、早いうちから取り組むべきというアドバイスをいただくこともあります。生理と何十年も付き合ってきたけれど、最後は心地よく、自分でコントロールして終わりたい。もうここでいいと終わらせるのか、ケアをしながらできるだけ長く付き合うのか、自分で決められる部分があるならば、私は自分でしっかりと終わりのケアをしたいなと思っています。

これから本格的に更年期に入ったら、新たなケアをその都度選択し、入れ替えていく予定です。〝健やかに美しく生きたい〟という芯は変わらなくても、〝こうありたい〟という気持ちは、年齢とともに少しずつ変化してきたし、これからもきっと変化していくと思います。だから常にそのときに、私がどう思うか、何を感じるかによって、まったく違う選択をするだろうと思っているのです。

自分は今どういう状態でありたいのか、どういう生き方をしたいのか、どういう生き物でいたいのか――。自分の体と心と理想のバイオリズムを見つめ自問自答をしながら、毎日を気持ち良く生きられるよう、そのときどきの最善策を選んでいきたい。真剣に、でも深刻になり過ぎず、少し先の未来を見つめています。

Task

#EXPRESSION

表情

顔の印象は、顔立ちではなく
実は表情が左右していると思います。
そして年齢を重ねていくほどに
表情が美しくて豊かであることこそが
その人らしい特別な美しさとなり、
魅力として際立っていくのです。
自分の想いを真っすぐに伝えるためにも
表情という表現力を磨く必要があると思います。

59

顔の表現力を鍛える

リモートワークを実践する人が増え、オンラインでのミーティングが日常になりました。画面越しでの会話に慣れたとはいえ、相手の喜怒哀楽の微妙なニュアンスや、温度感がわかりづらい状況に、戸惑いを感じている人も多いのではないでしょうか。ということは、相手も同じように思っている可能性があるということです。この〝伝わりきっていない〟という物足りなさの原因のひとつに、表情の乏しさがあるのではないかと気付きました。

会話をしているときに、私は相手の表情を確認しながら話をしています。相手もこちらを見て話を聞いてはいるけれど、内容を理解してくれているのかが、表情から読み取れない場合がよくあるのです。そんなとき、話している側は、わかってくれているのかな、と不安になってしまいます。〝聞いている〟と〝理解している〟の表情には、やはりはっきりとした差があると思います。

ビジネストークにおいては大袈裟なリアクションは必要ないと思いますが、お互いに貴重な時間を割いてその場にいるからこそ、展開されている会話に参加しているというポジティブな存在感を示したいもの。賛同します、興味津々です、など、こちらの気持ちを表現する際には、言葉だけでなく、それに見合った表情であることが大事。口では「賛成です」と伝えていても、表情が硬ければ、伝わりきらないどころか、本心ではないのでは？　と誤解されかねません。表情不足が、情報不足、コミュニケーション不足に繋がっているのかも。

表情不足は、マスクを着けたままで人と話しているときも同様かもしれません。目元だけしか見えないために、普通に接しているつもりでも不機嫌に見られてしまったり、本当は嬉しいのにそれが相手に伝わりきらなかったり。実際の気持ちと他人が受け取る印象にズレが生じてしまう——これは、とても残念なことだと思うのです。

〝伝えたい〟ことをしっかりと伝えきるためにも、話しているときの自分の顔の動き、表情づくりをきちんと意識しています。ビジネスシーンでも、普段の何気ない会話でも、話し上手な人は言葉と表情が一致していて、それが説得力を生んでいるように感じます。

嬉しい、楽しい、美味しい……という想いをしっかりと届けたいのなら、今まで以上に積極的に顔の表情筋を動かしていきましょう。言葉を尽くす、そしてその言葉を表現する表情。ふたつがリンクしていれば、真っすぐに想いが伝わると思います。

体の筋トレでは、普段動かしていない筋肉に感覚を通わせて動かせるようになるまでには時間がかかります。それと一緒で、顔の筋肉も普段から動かしていないと、なかなか思うように動かせなくなってしまいます。笑う、怒るという表情ができていればいいのではなく、その表情をするまでの間にもいろんな動きがあるので、そのひとつひとつを豊かにすることが理想。細部まで感覚を行きわたらせて〝開通させる〟必要があるなと思います。

きっと子どものときは、その感覚が無自覚に働いているような気がします。体の可動範囲も広いし、顔の表情も1ミリ単位で変わっていくかのように細やかで豊かです。大人になるほど、顔を動かさなくなったり、表情を見せなくなってしまうことで、筋肉が使われなくなり、感覚の流れが遮断されてしまっているように感じます。

だから日頃から、顔の筋肉を柔軟にして、感覚を行きわたらせるように意識しておきたい。あえて顔の筋肉を動かすようなトレーニングをしなくても、私は日常のなかで意識して表情を動かしているので、それが日々、顔の筋トレになっています。

自分が喋っているところを自分で見る機会は少ないので、鏡に向かって話しながら自分の顔の動きをチェックしてみるのもおすすめ。それから、オンラインミーティングを録画して、自分が話をしているシーンを客観的に分析してみる。他人からどう見えているかを知ることで、改善点が見えてくると思います。楽しい話をしているのにつまらなそうな顔になっているとか、相槌を打つときに眉間にシワが寄っているなど、自分のクセを把握して、会話中に意識して修正していきましょう。

「神崎さんは、表情が豊かだから見ていて楽しいです」「見ているこっちまで、つられて笑顔になったり、驚いたりと同じ顔をしてしまいます（笑）」と言われることがあります。なんだか恥ずかしいやら嬉しいやらなのですが、でもそれはきっと、相手を自分に引き込めているということ。話している私に、相手が集中してくれているからこそ、そんな現象が起こるのだと思うのです。

誰かに伝えたいことがあるならば、言葉だけでは足りません。相手と気持ちを通わせることができて初めて、「伝える」ことができるのではと思います。だからこそ、画面越しであっても、マスクをしていたとしても、可能な限りの手段を使って全力で表現すること。話しながら顔もしっかり動かして、身振り手振りも添えて、少し表現がオーバーなぐらいでちょうどいいかもしれません。何よりも「伝えたい」という熱意を持つこと。「わかるだろう」という思い込みは捨てて「わからない」を大前提にして相手と向き合いたいです。

話を聞いているときの相槌や表情も大切ですし、センスが出ます。独りよがりの会話に陥らないために、そしてコミュニケーションを円滑に図るためにも、自分の喜怒哀楽を表情にのせるよう意識し、顔の表現力を磨いていきたい。

60

良いシワと不要なシワを見定める

最近、表情の動きによって肌にかかる〝表情圧〟に着目したコスメが発表されて、とても興味深いなと思いました。表情をつくることで思った以上に圧力が生まれていて、肌への負担になり、シワの発生する要因になっているという話でした。その圧に負けない、柔軟でハリのある肌の土台を育てるコスメを使うこともいいと思いますし、シワの原因になってしまう表情づくりのクセも、意識して改善したいです。

シワには種類があって、私のなかで笑いジワは〝包容力〟に分類されます。シワを全否定しない。全部を悪者ととらえないこと。その人らしさがシワで伝わることもあります。

ケアが必要なのは、眉間の線やほうれい線、マリオネットラインなど縦のシワ。誰にでもできる類いのシワですが、深くなってしまうとエイジングの印象が強くなってしまいます。いつの間にか存在感を増してくるシワやたるみ。その原因を自分自身でつくってしまっている場合もあるので、先手を打ってケアを始めることが重要です。

シワの発生は、日常生活の習慣が原因になっていることも多くあります。あるとき、片方のほうれい線だけが深くなっているのが目にとまり「何でだろう」と、自分の行動を注意深く振り返っていくと、そちらばかりを下にして寝ていることに気が付きました。いわゆる寝グセによるシワです。それからは、寝るときに偏りがないようにと意識、真っすぐ上を向き、仰向けで寝るようになりました。熟睡しているときはさすがに難しいけれど、寝始めや寝返りを打つ際など意識できるタイミングだけでも気を付けるようにしたら、それなりに改善されたと感じています。

歯科医院で噛み合わせを診てもらい治療を進めたら、気になるシワが薄くなった経験もあります。顔のシワは、肌表面だけのケア以外にも寝グセや噛みグセといったことに目を向けると、改善される場合があるのです。

さらに最近、表情が顔の印象を左右していて、〝顔のカタチ〟そのものにも影響しているのではないかと考えるようになりました。

悪口を言っているときの口元は、意地悪にゆがんで見えてしまいます。その積み重ねで顔のパーツがズレたり、曲がってしまっている人がいるようです。悪いことを考えていると悪い表情になっていて、悪い筋肉が発達してしまうのかもしれません。子どもにはいないけれど、大人になるにつれて「あ、意地悪そうだな」という印象になってしまう人が出てきます。筋肉のゆがみが、顔のカタチまでいびつに変えてしまう可能性がある。大人は自分の顔を自分で形づくっていることを知っておきたいです。だから表情づくりは、本当に重要です。

仕事の関係で月に何回かＳＮＳを使ったライブ配信を行っていますが、後日にアーカイブで確認しているので、喋っている、笑っているなど、自分のいろいろな表情を確認することができます。私はこのチェックを「定点観測」と呼んでいて、これがある意味、とてもいい美容研究になっています。動画で動いている自分を見る機会は少ないかもしれませんが、できれば、家族や仲の良い友人と話をしているときに動画を録ってみるといいかもしれません。油断しているときの顔を見ると、自分が顔のどの筋肉を動かして、どんなふうに表情をつくっているのかが、よくわかると思います。

鏡に自分の顔を映して見るとき、誰でも自然とキメ顔をしています。写真撮影のときはそれでいいけれど、人前でキメ顔でいられる時間はほんのわずか。大半は、顔を動かしています。だから、動いているときの自分の顔を観察して、表情の修正に役立てるのです。そして表情グセによる顔のゆがみや凹凸も改善できたら、顔の印象、そしてカタチまで修正できるのではと考えています。

セミナーなどで、これまでに何万人という方に眉毛レッスンをしてきました。回数を重ねるほどに気付いたのは、真顔のときと、話し始めたときとでパーツの配置が変わってしまう人がとても多くいることです。たとえば、話すときにいつも眉毛だけ動かすクセの人がいますが、そうすることで眉丘筋が盛り上がってしまうのです。眉毛は筋肉の影響が出やすくて、表情にも大きく影響するパーツだと思っています。眉毛メイクのレッスンをするときには、まずその人に喋ってもらい、眉毛がどういう動きをするのかを確認して、どのように描いてバランスを取ればいいのかなど改善点を見つけていきます。

美容に熱心な人でも、表情グセまで意識できている人は少ない。サイボーグのようにシンメトリーな顔のまま過ごしたいわけではないけれど、眉や筋肉の動きにも意識を働かせる。表情グセを把握して、好印象かつ不要なシワが寄らない動きに改善していきたい。そして、〝あってもいい〟シワを自分らしい個性にできたらと思います。

61

目に熱を込められる人になる

以前、集団面接を受けた際に、しっかりと面接官の方と〝目が合う〟ことが、とても大事だなと気付いたことがありました。目を合わせて話をすることができれば、たとえ上手く話ができなかったとしても、面接官に印象を残すことができるのです。この〝目が合う〟というのは、目線が合うという意味だけではなくて、〝通じている〟という感覚です。

イベントや講座で会場に３００名くらい集まるときも、一人ひとりと心を通わせるために、ひとりずつ順番に目を合わせていきます。そのとき、目が合い、通じていると確信が持てるときがあって、それがわかるのは相手の目に熱がこもっている、体温を感じるからなのです。そうするとこちらも、もっと伝えたいという気持ちになりますし、その人のことが強く印象に残ります。全国をまわって何千人という女性に会ったときも、記憶に残るほど印象的な人というのは、服装や顔の造形ではなくて、目の熱量なのです。

その〝熱〟は何なのだろうと考えると、やはり心からの「理解したい」「通じ合いたい」という想いなのかなと思います。学校の授業でもそうだと思いますが、本当に学びたい、もっと知りたい、情報が欲しいと思うと、目の輝きが明らかに違う。その熱量が、相手の心を動かすのではないかと思います。

ちなみに一対一で近い距離で話をする場合に、こちらの熱量が大きすぎて圧になってしまいそうなときは、相手の片目だけを見るようにしています。両目と両目を合わせるよりも、少し圧が少なくなって、相手を緊張させることなく、目線も外しやすくなる。さらに、この人は右目を見たほうがいいなとか、左目のほうが喋りやすそうだなというのがあるので、右目を見て、左目を見てと変えながら、相手が喋りやすそうなほうを探っています。

話をしているときは話に集中しながらも、言葉を交わすだけではない繊細なやり取りをしていると思います。目線もそうですし、ちょっとした表情の変化を汲み取ったり、些細なことも敏感にとらえながら話をしています。大勢で話をするときには、逆に、話す相手をしっかりと真っすぐ見たほうが、わかりやすく、伝わりやすいと思っています。

目に熱を込めてずっとその人の話に集中していると、自然と相槌を打て、話し手の言葉のリズムに頭や顔の動きが合っていき、聞いていて思わず声がもれたりして、それもまたリンクしたなと感じる瞬間です。相手のそんな様子がわかると、話しているほうは、聞いてくれているな、繋がったなと感じることができるのです。

初めてお会いする方から、見くびられているなとか、理解されていないなと感じたときも、しっかりと目に熱を込めて話をさせてもらい、心から相槌を打ち、意見もしっかりと言わせてもらうことで、印象をひるがえすことができると思っています。その変化もやはり、相手の目を見ていればわかります。話していううちに、段々と相手の目が変わってきて、私の印象も変わってきているなと感じ取れます。言葉では言い表しづらいのですが、私の目の熱量で挽回できたことを、相手の目の熱量で確認できるのです。

恋愛においても、自分に対する相手の気持ちが本気になった瞬間がわかるものです。あ、私のことを大事に思い始めている、ということが伝わってくる。明確な熱量の変化を感じ取れると思います。言葉はテクニックがある程度使えても、目の熱量に関してはテクニックは使えないと思うのです。

私自身、目が合い、相手から熱を伝えられることで、心を奪われたなと思うことがあります。目に熱を込めることができたら、心を開通させ、心をとらえることができる。それはテクニックでは通用せず、うわべだけで目線を合わせることでも叶わない。必要なのは〝心ごと〟込めることしかないのだと思います。

62

指先までコミュニケーション上手に

表情というのは、顔つきのことだけではなく、身振り手振りなども含めて、感情や情緒、意思を表現する動き。感情が高ぶると、顔だけでなく手や体も自然と動くものです。特に手は顔周りに持ってくることも多いので、人の目に触れやすいと考えています。

指の表情がこんなにも大事なんだなと知ったのは、小学生の頃に日本舞踊を習った経験から。指先の動き、表現を最初にしっかりと教わりました。それから同じ頃にバレエの舞台を観に行く機会があり、バレリーナの指の動きに魅了されました。なんてキレイなんだろう、美しさだけでなく、指先の表現力の素晴らしさに感動。それからは、指は作業をする道具という役割だけでなく、気持ちを表現したり、伝えたりできるものなのだ、と大きくとらえ方が変わったのです。

物を指でつかんで、テーブルに置くときに、バーンと乱暴に置くのか、そっと優しく置くのか。その動きひとつで、その人の印象ががらりと変わってしまう可能性があります。指だけでなく、歩き方や体の動かし方まですべてが、美しさも、そうでないものもつくってしまう。人の印象を大きく左右してしまうのだと気付いたら、ひとつひとつをおざなりにできないなと怖くなりました。上手に利用することができればいいけれど、一気に印象を落としてしまうことにもなりかねない。これは洗練さや品を身につけるマナーとはまた別のお話で、人としてどうあるかということなのだと思うのです。

英会話の先生と話をしているとき、「こんなことを言いたい」と思っても、ぴったりなワードがなかなか出てこなくて考え込むことがあります。特に日本語の情緒的な言葉は、英語ではぴたりとくる単語がないことが多く、結局はシンプルな言葉を選ぶことになる。「外国の方は感情の微妙なニュアンスをどう表現しているんだろう?」と考えてみたら、「顔や手の動きが大きい」ということに気付いたのです。言葉、顔の表情、さらに身振り手振りで情報を補足できたら、伝えたい感情はより正確に届くはずです。

私も普段の会話では身振り手振りを加えることが多いです。そして、お喋りしていて楽しいなと思う人は、言葉だけでなく、顔の表情も豊かで、そして身振り手振りも効果的で巧みです。なかには、目を奪われてしまうほど仕草の美しい人がいて、耳だけでなく、目にも楽しい会話を堪能します。指先まで神経が行き届いた優雅な動きは、簡単に真似できることではないからこそ、心を奪われてしまうのです。

ただ、身振り手振りはシーンを選ぶこともあります。そして大き過ぎるアクションは、大声で話されると耳ざわりになるのと同じで、目ざわりな行為になってしまう可能性もある。感情のままに動かすのではなく、相手に心地よさをもたらす動きの幅を計算することが大切。

マニュアルがないからこそ、素敵だなと思う人の仕草を観察して学んでいく。映画や舞台の、魅力的な人の仕草にもヒントはありそうです。そこから自分らしくアレンジを利かせることも大切だと思っています。

Task

#STRESS CARE

ストレス

それは目に見えないものだからこそ
いつのまにか近づき、重く積み重なっていく
厄介で、手ごわい存在です。
溜めない、受け止め過ぎないようにさらりとかわして、
乗りこえていけたらいい。
ストレスと上手に付き合い、そして
効果的に解消する方法を身につけて
毎日を前向きに、心地よく過ごしたいです。

63

ポジティブ変換をマスターする

ストレス要因は山ほどあり、私たちはストレスだらけの世界で生きています。そのほとんどが、煩わしい人間関係が原因といわれています。緊張を強いられる相手との会食、睡眠不足で臨むプレゼン、気が重くなる量のタスク……仕事にまつわることだけではありません。そのほかにも、片付けたいのになかなか手がまわらない家事や返信できていないＬＩＮＥやメール……それこそ、やらなければと思いつつ間に合っていないことから、ちょっとした体の不調まで、すべてストレスになります。

ストレスがない生活なんて、きっとない。たとえ今、頭のなかにどんと居座っている大きな不安や悩みがなかったとしても、生きていれば毎日何かしらのストレスが降りかかってくるものです。だからできるだけ、ストレスに対して過剰に反応せず、早急に対処できるようになりたいと思っています。

ダメージを受け過ぎないために、私が実践していることをお伝えすると――。

まずベースとして、気持ちをおおらかに、構え過ぎない、深刻になり過ぎないことです。嫌だなと思うことを、嫌だ嫌だと繰り返し考えていると、その根は深くどんどんと倍増していくばかり。

「まあ、そんなこともあるさ」と、〝ありがちなこと〟としてとらえて、そのストレス要因を〝たいしたことではない〟とレベルダウンさせるのも考え方のひとつです。

あるいは、嫌な出来事をコメディ仕立てにして笑い飛ばしてみる。誰かに心無い言葉を投げつけられたとしたならば、「傷ついた」と嘆くのではなく、「まるでドラマに出てくるような台詞、実際に言う人がいるなんて！」ととらえると笑えてくるものです。そうやって自分の心を守る方法を増やしておくと、とてもラクになれるのです。

それから、「これは絶対こうでなければならない」などと、答えをひとつにしてしまうと、凹んだり、イライラが増すもの。もっと柔軟に「なるようになる」と楽観的に構えたり、「最初から上手くいかないのは当たり前」「失敗は成功のもと」「百人いたら百とおりの答えがある」と思うだけでかなりラク。

そんなふうにストレスの直撃を避けるための〝エアバッグ〟を用意して、体に当たる前に衝撃を吸収して、弱めるのです。一見かぼそい枝でも、しなやかであれば折れにくいものです。嫌なことが迫ってきたら、自分に都合良く、ポジティブに変換してしまう。そのスキルをマスターできたら、今よりラクな日が増えるはずです。

64

視点を変えて切り替え上手になる

毛穴やシミをどうにかしたいという思いは、きっと誰もが抱えている悩みだと思います。人は歳をとっていく、老化していくから、肌にエイジングのサインがあらわれてくることは生きていくうえでの大前提。まず、それを認めることがラクになる方法だと思っています。

私も毛穴やたるみは気になりますが、それはそうだろう、47年間も太陽を浴びて生きてきたのだから、という視点でとらえるようにしました。人間は老化していく生きものである、それを認めて向き合うと、少し気持ちもラクになって次に進めるのです。

肌は老化する、それを大前提にできれば、「ではどうしていく？」「どの方法を選んでいく？」というように、次の行動を考え始める〝切り替え〟ができるようになります。肌の悩みを嫌なこととしてモヤッとしたままにしておくのではなく、当たり前のこととして受け止め、そしてどうやってケアしていこうかととらえていくと、「嫌なこと」から「やるべきこと」に変わるのです。どう行動していこうかという気持ちに切り替わるから、嫌なことが、嫌なことではなくなる。前向きになる。それは肌や体の悩みなど、目に見えるものに関しての私の対処法なのです。

〝切り替える〟ということでいえば、メイクやファッションの良さは、それを使って生まれ変われることだと思っています。それは、自分を〝新しい自分〟に切り替えるような効果。髪型や髪色でもいいし、メイクや着る服を変えることで、見た目と気分の切り替えが可能です。そうやって見た目から生まれ変わり、新しい自分でその日からやり直していく。そんなふうに私は、意図的にリスタートしています。

お正月を区切りと考えている人が多いと思いますが、一年に一回しかないタイミングを待つわけにはいきません。

何か嫌なことがあったらそのタイミングで、もっと軽やかに生まれ変わり、自分の気持ちを切り替える。何度でも好きなだけ、生まれ変わっていいと思います。今日からやり直し、新しいスタートにしようと、自分で決めて実行していくことで、もっとラクになれるのですから。

65

感じることを疎かにしない

私はもともと五感が敏感だということもあり、自分の感じる力が疲れていることに気付いたら、なるべく早めに対処するようにしています。

水の味を感じなくなったら食生活を見直しますし、耳に入ってくる音がキンキンと鋭く響くようになり耳が疲れたなと気付いたときは、〝音〟から離れるようにして過ごしたり。人間ドックで、聴覚の検査をしたことはありますか？私はあのくらいの些細な音を聴くことで、自分の耳の感性を調節しています。早朝の公園に行って、木の葉っぱが揺れている音を聴いて過ごすこともあります。そうすると、耳の感覚が元に戻るように思います。目に関しても、自宅の壁は白ですが、白い空間にいると目の状態が戻る感覚です。それもあり、寝室も白で統一しています。

疲れを感じたら、一回「戻す」という作業が私のなかでは重要になりました。感覚が豊かで居続けられるのは、このリセットのプロセスを得ることができたからこそだと感じています。

感覚がフラットになると、花の色の鮮やかさが増したり、音楽が鮮明に聞こえたり、太陽の光や色の繊細な変化を感じ取れたり、食べ物の味をとても豊かに感じたり――五感からの吸収力が高まっていることを感じます。そんなときは、好きな花を飾って、美味しいものを食べに行き、コンサートを聴きに行ったり、アートを鑑賞したりして、五感が喜ぶ時間を増やしているのです。

疲れを癒やして、過敏になっている状態を鎮め、感じる力を取り戻すことができさえすれば、感覚はいつも鮮明でいられるということを身をもって体験しています。

もしも、忙しすぎてリセットする時間を持てないときは、サロンで短時間のトリートメントを受ければ応急処置になるかもしれません。私もギリギリのときは、頭から足先まで全身をトリートメントしてもらい、ささくれだったものをなだめてもらうことがあります。施術を受けているときは、全身が「感じたい！」と敏感になっているので、どれだけ気持ち良いのか、どんな香りなのか……を深く感じ取れて、心底ときほぐされます。定期的に自分を取り戻すあの時間を味わうことも大切だなと思います。

66

境界線を引いて、自分を守る

ストレスを生む要因の多くは人間関係だけれども、人と関わらずに生きていくことはできません。でもストレスの原因になっている相手がわかっているならば、関わり方を考える必要があります。

もし仕事などで関わる必要のない相手ならば、「会わない」という選択をすること。とにかく〝体の距離〟を取る。縁を切ったり、会わないようにして、実質的な距離を取るということが、私の方法です。

SNSで繋がっていたら、目に入らないようにミュートにしたり、フォローを外してもいいと思います。目に映さない、体の距離を取るなど、関わらないことがいちばんの策だと思います。

ただ、仕事が絡んで会わなければならない相手の場合は、そうもいきません。関わる必要があるときには、相手に対して自分が「無」の状態になることが有効です。仕事中は、その人に意識を向けるのではなく、やるべき「こと」に集中すればいい。後はもう「無」。見ない、感じない、感情を動かさない――そうすることで、結構ラクになれます。

たとえば、仕事で「この書類をコピーして」と言われたら、そのときは〝この書類をコピーする〟ことに集中して、後は無です。やることだけにフォーカスすればいいと思います。

それから、相手と距離を取りたくても、デスクが隣同士だったりして物理的な距離感が保てない場合は、間に透明でも薄くてもいいので壁というか、仕切りをつくると、心の壁もつくることができる、と脳科学の先生がおっしゃっていました。壁をつくることが難しかったら、メガネも有効で、とにかく間に一枚隔たりをつくることです。もうひとつ、向かい合って話すような場合は、目の前に座るのではなく、少し斜めの位置に座るといいそうです。真正面で向き合うと構えてしまい、緊張も生まれますが、斜めにずれることで、気持ちにも少し距離が取れるのだそう。私もこの方法を実践して、ラクになりました。

ちなみに、友好な関係を築きたいときにもおすすめで、私も息子から何か聞き出したいことがあるときは、真正面に座ると彼が構えてしまうので、あえて斜めや横に座ります。そうするとちょっとリラックスして話せるようになるようです。

ストレスを与えてくる相手とのやり取りを続けていると、結果、自分の心が削られてしまいます。一方的にこちらが削られてしまう関係なので、そう気付いたら相手に対して前述の「無」になる方法で自分の心を守ったほうがいいと思います。他人のことは変えられない、それは大前提です。だから、自分を変えていくしかありません。

それ以外に、自分の気持ちを上げていくという方法もあります。心のコンディションが良いときは、嫌な相手のことも受け流せたりするものです。だから、相手のことが気にならないくらいに、自分の心を高めておくというのも、有効だと思っています。

そして今のＳＮＳ時代。ＳＮＳ疲れという言葉が存在するように、扱い方次第でストレスをもたらしてしまうから要注意。簡単に世界を共有できたり、見ることができるのはとてもいいことだと思いますし、視野を広げ、今までにない挑戦のきっかけをつくってくれることもあります。新しい知識や情報に触れたり、アイデアソースとして、上手に活用していきたいものです。

でもその反面、人と自分を比べてしまう機会も増えてしまったなと思います。以前は、自分と立場が違う人、生活している場所もライフスタイルも違う人として、きちんと境界線が引けていたのに、その境界線がぼやけてくるというか、なくなってきてしまうのがＳＮＳの怖いところ。

かつては、クラスが違うから、年齢が違うからと言い訳ができて、言い訳をすることで自分の心を保つこともできていたという側面もあったかと思います。でも今は、自分に言い訳したり、嫉妬心をなだめる要素がなくなってしまった。いくらでも人と比べて、いくらでもみじめになれてしまうわけです。それとは逆に、人と自分を比べて、優越感に浸れてしまうということもあります。その両方が強まっていくことは怖いなと思います。

本来は、自分のやっていることや持っているものに関して「自分のなかで」幸せを感じることが健全だなと思います。スポーツや塾のテスト結果など、順位がわかることで頑張ろうというモチベーションに繋がることがあるのも確かです。でもそういう比較とは違い、日常的に誰かと比べて自分の幸せを計ってしまう。それが幸せの基準になってしまっていることが、いちばん心に良くないなと感じています。

「羨ましいな」という気持ちの芽生えは誰にでもあります。でも「いいな」という気持ちが霞んで、ネガティブなほうに転びそうになったら、早々に「見ない」という手を打つほうがラクだと思います。

気になる人がいる、ライバル視している相手がいる、その人の情報をぐんぐんと掘っていくということは、自分を削って、傷つけている行為なのです。しんどいのは自分ですから、それでもその情報を見続けるという行為は、自分の心を健やかに守っていく、保っていくことと引き換えになっていることに気付いておきたい。自分にそういう兆しがあったら、一線を引いて距離を取る判断をすることが大切です。入ってくる情報と自分の感情とのバランスをみながら、必要な情報だけを取り込めるよう選び抜くことが大事です。

Task

#MIND

意志と思考

何があっても、何歳になっても、
人生は思いのままに変えていける。
自分の考え方、心の持ちようで
どこへ向かうべきかを、決めていいのです。
こうありたいという未来のために
こうしていくという決意を持って、
幸せになるための一歩一歩を、自分の足で。

67

微調整力を培って個性を磨く

最近の私は、歳を重ねてより美しい存在感を放っている年上の女性に対して、ますます憧れと尊敬の気持ちを抱くようになりました。大人の女性たちが持つかっこよさ、その正体は何なのだろうと考えていたら、惹かれる理由が見えてきたのです。

かつては、何歳になっても可愛らしさを持ち続けている女性こそが素敵と思っていましたが、私自身の年齢、気持ち、考え方が変化するにつれて、これから先の未来に思い描く女性像ががらりと変わりました。

私がSNSでフォローさせていただいている70代、80代の女性たちは、本当に個性豊かで魅力的な方たちばかりです。たとえば夏木マリさんや、内藤朝美さん、マダム・チェリーさん――それぞれがほかの誰にもない圧倒的な個性を持っていらして、ファッションも美容も〝自分らしさ〟が確立されているのです。

そして気付かされたのは、一人ひとりのスタイルが新しくも古くもなく、真似のできないバランスで仕上がっているということでした。彼女たちはさりげなく流行を手なずけていて、その取り入れ方が決して悪目立ちしていないという絶妙さで馴染んでいるのです。本当に巧みで、だからこそ惹き付けられてしまう魅力。きっと時間をかけて築き上げてきた自分のルールやポリシー、それから勘も働かせて、新しいものを取捨選択し、自分にフィットするように〝微調整〟して取り入れているに違いない、と思いました。そしてこの微調整を繰り返し重ねていくことで、あの唯一無二の美しさがつくられていくのだと気付かされたのです。

自分に合わせて微調整する力、言ってみれば〝微調整力〟が大人にはとても大事なのではないでしょうか。微調整力がある人は、自分の好きなものが明らかで、視野が広く、それでいて細やかな点にも目が行き届いている。そして外から一歩引いて客観的に自分を見ることもできるなど、いろんな視点を持ち合わせていると思います。

この微調整ができないと、大人になっていく自分と見た目のバランスが崩れてしまうのだと思います。その原因は、ずっと変わらないままでいること、変われずにいることなのかもしれません。歳を取っていくのに、20代、30代のときと同じように服を選んでそのまま着てしまったり、同じメイクをしてしまったり、髪型を変えなかったり——。微調整をしてこなかったせいで、古く見えたり、見た目がギクシャクしたりしてしまうのです。

自分のエイジング、体型の変化に合わせて今までとは違うシルエットの服を選び、組み合わせを変えていくことはとても大事。たとえば私の場合は、シフォンやピンクなど甘めのトップスを着たいとき、ボトムスは必ずパンツかペンシルスカートを選んでいます（以前はふわんとしたラインの甘めのスカートをはいていました）。Ｔシャツはよりサイズ感にこだわって、以前のように自分の体のサイズに縛られず、私が着たいサイズを選んで、その日の着こなしに合わせたシルエットを楽しんだり。それから、ワンピースやドレスなどの華やかな服を着るときは、髪はタイトにまとめるように工夫しています。

私が憧れている大人の女性たち。時代に置いていかれることなく、自分のスタイルを見事に更新している人は、まさにこの微調整を日々重ねているのです。そして、ひとつ「こうしたい」というものを見つけたときも、いっぺんに取り込まず、刻み、何回かに分けて、少しずつ少しずつ調整しながら整えていく。その慎重さとバランス力を身につけることができたらいいなと思っています。

68

思い込みを捨てて自由になる

今、たくさんの人が美容に興味を持っていて、情報をたくさん集め、自分のものにしようと頑張っています。次々と登場するアイテムのおかげで、とてもラクになれ、苦しいときの解決にも力を貸してくれる有難い存在です。

ただ誤解を恐れずにいうと、美容は絶対に取り入れなければいけないものではないと思っています。あると便利で、得することもあるし、自分をより良く見せることで新しいチャンスを摑みやすくなる、それも美容の持つ力のひとつ。知っておくといいよね、という知識です。

だから、美容というものをもっと効率良く、あざとく使いこなすという視点を持ちたいなと思っています。あくまでも、自分がラクになるため、生きやすくなるための〝手段〟としての美容。命がけでやらなくていいのです。

世界を見渡すと、本気になり過ぎて、夢中になり過ぎて、美容というものに縛られてしまう、美容に乗っ取られてしまっている人もいます。

美容ばかりに目を向けてしまうと、自分を見失うことになりかねません。自分の美しさがわからなくなり、いつの間にか違う顔になってしまったり、心を削られたりします。いっぱいお金をかけたのに、何で結果が出ないのだろうとストレスを募らせて、本来は自分を幸せにするために手にしたはずの美容が、逆の存在になってしまっている。美容は苦しくなるものではなく、ときに背中を押したり、力をくれるものであって欲しい。

自分の美しさとは、個性とは何か、自分を起点にして考えて〝こうありたい〟を持ちながら、美容を適度に取り入れていくスタンスが健全なのではないかなと思っています。思い返せば10代、20代の頃、私も美容が大好きであれもこれもと熱心に取り組み、苦しくなったことがありました。当時は芸能界にいて、見た目で比べられることが多かったから、誰かに勝つためにも、キレイになりさえすれば自分の不安は解消されると思い込んでいたのです。でも自分が思うキレイになれないと焦りが出て、まさに美容につぶされそうになりました。

20代、そして30代もまだ、見た目に苦しめられる年代です。でも大人になるほどに見えてきたのは、可愛い、キレイという評価ほど、もろいもの、危ういものはないということでした。だからこそ、見た目だけではなく、そうでないもの、つまり自分自身を育てなければということに気が付いたのです。

大事なのは、主導権は自分で握っておくこと。自分流に操ったり、使いこなすことが大事です。初めてメイク道具を手にしたときの、わくわく感とときめき。あの初心を思い出して、美容は楽しむものなのだということを忘れずにいたいです。

美容がしんどいなと思ったときに、見て欲しいものがあります。それは、10年ほど前に制作された、大阪市文の里商店街のビューティーショップのポスタービジュアル。そのキャッチコピーが最高なのです。

「男のために化粧してるうちは、お子ちゃま。」「もうメイクの流行、三周してもたわ。」「来月どの色買おか、と思てる間に長生きしてたの。」「年いったら、美人かどうかは美肌かどうかやで。」——見るたびに、そうだ、こういうことなのだと気付かされて、私のツイッターのトップにツイートを固定しています。

美容も人生も、自分のために楽しまないと。誰かのためでなく、自分のためにキレイになる、美容を楽しむという気持ちを思い出させてくれます。

自分で選ぶ、自分のことは自分で決める。今まで自分の思い込みで引いてきた線、誰かに勝手に引かれた線はもう取っ払ってしまう。それは美容だけでなく、ファッション、生き方に関してもそう。思い込みを捨てて、真っさらになって、もっと自由に好きなように楽しめばいいのです。

69

自分の選択を正解にしていく

離婚を選択して、シングルマザーとして子どもを育てていくことに決めたとき、たくさんの方から心配する声や、寄り添ってくださる言葉をもらい、励まされました。日本においてはまだまだ離婚はネガティブなイメージばかりが大きいのですが、離婚がより幸せになるための選択肢のひとつにもなると私は考えています。もちろんそこには大きな責任が伴うし、経済的、精神的な自立も必要で、簡単にはできない決断。でも、私の知る離婚を経験した女性たちのなかにも、ネガティブとは反対側にいる人もいて勇気付けられます。

自分が幸せとはいえない環境にいるとわかっていても、離婚を選択する勇気と気力を持つのはなかなか難しいことです。

私が離婚という決断をすることができたのは、そうすることで、家族みんなが幸せになれると確信できたからでした。もし続けていくことが子どもたちにとって幸せなことで、自分だけが離婚を望んでいたとしたならば、私はこの道を選択しなかったと思います。大切な人たちを振り回してまで、自分を通すことはできないし、私の選択は、やはり子どもたちありきなのです。だから、離婚することがそれぞれにとっての幸せに繋がると思えたことが、私を強くしてくれたし、頑張る力になっています。

世間や周りを気にして躊躇してしまう人も多いようですが、大切な決断は誰かの目を気にするのではなく、もっと〝自分たちのもの〟であるべきだと思うのです。つまり、他人ではなく、自分のことを考えた選択であり、子どもがいるならば彼らのことを考えた選択であること。自分だけならともかく、子どもの存在は決断するときに最も大切なものなのだと実感しています。

私は自分がどう思われるか、何を言われるかなど、周囲はまったく気にならなかったし、ゆるがない自信がありました。それよりも、子どもたちがどう感じるか、そのケアを優先して考えたかった。今まで続いてきた形が崩れる、変わるという環境の変化は、大人だって不安を抱くことですから、子どもにとってはなおさらです。特にまだ小さい三男がその変化に抱く不安や、心配を感じている部分を解消できるように、大切に慎重に向き合って、繰り返し話し合いました。場合によっては今後、時間をかけて解決していくことも出てくるかもしれませんが、それは一生をかけて私が努力していくことだと思っています。今、家族みんなが穏やかで幸せに暮らせていること、それがすべてです。

私は仕事に関しては決断が速く、その場で舵をきれるのですが、そのほかのことに関してはとにかく粘ります。それこそ、今までの人生の選択はすべて、かなり長い期間をかけて考え抜いた結果でした。自分の選択に後悔をしたくないから、あらゆる可能性を探り、全力で試して、ひとつずつつぶしていくのです。自分を追い込んで、やれるところまでやり抜いて、もうこれしかないと自分で納得できてから、最終的に決断する。だから、この道しかないと思える。そこまで踏ん張れると信じて進んできたし、その繰り返しで自信を育てることができたからこそ、選択を〝正解〟にすることができます。

私はそんなふうにひとつの〝正解〟に絞り込んでから前に進んできましたが、これからもこの選択で間違いないのだという気持ちを軸に持つことも、重要だなと思います。

そして選択にいたるまでの痛みやつらさ、これからの不安……いろんな気持ちが入り混じると思うのですが、それを解消するには、自分がそのときよりも幸せになるしかない。そのための努力を惜しまずにやっていくことに尽きるなと思っています。たとえば、付き合っていた彼と別れてつらい、傷ついた、とひどく落ち込んで、相手のことを恨んだり、憎んだりして、気にし続けてしまうなど、人は良くない思考に陥ってしまいがち。でも、別れた後の自分が幸せであることができたなら、大抵のことは気にならなくなると思うのです。
こうすると決めたならば、自分のために動いて、努力していく。そうやって、自分の選択を正解にしていけばいいのです。

簡単に幸せになれるほど人生は甘くなくて、気持ちだけ強く持っていればいいという単純なことでもありません。大きな決断をすると、やるべきことが一気に出てきます。私の場合も、とにかく日々のタスクが膨大に増えました。洗濯機を3回まわして、食事を用意して、掃除して……男の子ってどうしてこんなに何もやらないの！　と思いながら、どんどん溜まっていくゴミを集めてと、体力的には本当にしんどい。でもやはり、今ものすごく幸せなのです。大変なことが増えても、体がきつくても、幸せになれる。幸せを感じ取れる。幸せは型にはまったものではなくて、自分でつくっていくものだということ、それを知って、味わえることも大事だなと思っているのです。

70

ひとり時間を充実させる

先日、急に昼間にぽっかりと2時間ほど時間が空いたことがありました。さて、この時間に何をして気分転換しようか——と考え、すぐに行きつけのサロンに連絡、どこも予約が取れないとわかった途端、さらに次々と自分のなかにあった選択肢を並べ、ものすごい勢いで検討していきました。

ビタミンの点滴は？　2時間だと中途半端だな、友達を呼び出してランチする？　いやいや2時間限定となると、お互いに気を遣いあって楽しめないかも——そんなふうに取捨選択し、結果、40分ほどランニングし、30分ほどバッティングセンターに行ってきました。

昼寝して体を休めるという選択もあったけれど、この日は自分の活力を高めるために使いたい、リフレッシュしたいという気分だったので、自分ひとりで完結できることに時間を使ったわけです。それが、とても楽しくて、心地よい疲労感が後味も良く、いちばん良い選択ができたなと大満足でした。

〝ひとり〟を楽しめる力はとても大切です。自分で自分の気分を持ち上げたり、なだめたりができたら、効率が良くてラクだから。誰かに頼らないと完結できないとなると、相手と連絡を取り合ったり、予定を調整したり、親しくても気を遣う必要がゼロではなかったりと、時と場合によってはとても効率が落ちるなと思うのです。

私は仕事も家庭も人と関わる時間が多いので、可能な限り自分だけに集中できる時間をつくっています。パートナーや子ども、友達など、大切な相手と一緒に過ごしてわかり合うための時間を持つことも大事ですが、私にとっては〝私〟も、そのひとりなのです。自分と自分を通わせて、わかり合う時間を大事にしたい。自分をブレさせないため、そしてひとりだからこそ味わえる感覚を楽しむために、自分自身に集中して構ってあげる時間は、実はとても貴重です。

島田順子さんは著書に、ひとりの時間こそ華やかな服を着て、きちんとテーブルセッティングしてディナーを食べる、それはすごく贅沢なことよ、と書かれていて、とても共感しました。

人と関わらなければならない社会のなかで、ひとりの時間を持つこと自体がとても贅沢。だからこそ、その時間は人に気を遣わせず、自分と向き合って、楽しむべき。ひとりを「寂しい」とか「物足りない」と感じる必要はないのです。そしてひとり時間を充実させてこそ、誰かといる時間も大切にできるのだと思います。

71

生きていく力を高める

仕事柄、いろんな場所で、いろんな方とお会いする機会があります。そんなとき、相手の方が私のことを〝大人として〟丁寧に対応してくださるわけですが、そのたびに自分の年齢に対してある種の責任をひしひしと感じています。そこには、大人だから当然わかっているべきこと、知っているべきことが〝当たり前のこと〟として存在していて、その上に成り立つ会話だったり、打ち合わせになっているわけです。

若いときに抱きがちな優越感は、見た目だけでなく、若さに甘え、周りに甘やかされることで得られるものもあったのだと気付きます。大人になると、周囲からの見積もりよりも、自分の持っているものが低いのではないだろうか……と考えてしまうこともあります。その一方で、それが自分を奮い立たせるきっかけになることもあるのです。

負荷という意味でいうと、やはりシングルになると、生きていくことに対しても今まで以上に負荷がかかるのは確かです。自分の力で生きていくことになるので、経済的に自立していること、生活を続けていけることが絶対条件。ひとりで担う役割も増えるので、今まで以上の体力と気力はもちろん、やり抜くという自信が必要になるなと感じています。

私は自分の経験を通して、人は生きていく力を身につけたいと準備をするうちに、気持ちが逞しくなり、生命力が高まっていくことを知りました。そして生命力を育んでいくその一歩一歩の過程は、人生を自分の足で歩いていくために必要な、学びに満ちた大切なステップだということにも気付かされたのです。

私の友人のなかには、シングルで生きていくと決めた人、子どもを産まない選択をした人もいます。生き方は人それぞれですし、幸せの基準も人それぞれでいいと思います。今の私は恋愛をすることにまったく興味がわかないし、また恋愛をすることがあるのか想像もできません。

結婚していようがしてまいが、私の思い描く人生の最終章は〝ひとり〟なのです。そうでなくても、女性はパートナーに先立たれてひとり暮らしになる可能性が高いのだから、〝ひとり〟になった時間を想定しておくことは必要かもしれません。特に私は、ひとりで生きていくことを前提に考えてきたからこそ、踏ん張ることができているのかもしれないです。

子どもたちが巣立った未来を考えて、最近は「あなたたちが巣立って、おばあちゃんになってしんどくなったら、ホームに入るから」という話もしています。そのために必要なお金を貯めて、「あなたたちには迷惑かけないから」と宣言しています。

生きていく力、そのなかには稼ぐ力も入っていると思います。ファイナンシャルプランナーの話を聞くと、人の根本的な不安でもっとも大きいのは、やはり経済的な悩みであると断言されていました。裕福である必要はないけれども、自分の生活への安心感を得られるくらいのお金があれば、気持ちが変わり、考え方も自由になり、人生への取り組み方が変わる。余裕が生まれ、柔軟性が得られ、とても生きやすくなるということは、確かにそうだなと思うのです。

だから私も、逞しく動けるときに、しっかり可能性を広げておきたいなという気持ちがさらに大きくなりました。そこは昔にしんどい思いをした経験もあるからこそ、好きな仕事を楽しみながら、働けるときにいっぱい働き、できることなら死ぬ前夜まで、いや1秒前まで働きたいという願望を持っています。その想いはずっと私のなかで変わらないのです。

EPILOGUE

おわりに

美容が好きです。

丁寧なスキンケアは透明な肌を育ててくれるし、
正しいヘアケアは潤む髪を育ててくれる。
メイクは肌トラブルを見事に隠してくれて、
新鮮な顔に仕上げてくれるのも楽しい。
挙げても挙げてもキリがないほどに、美容は面白く、
やり甲斐のあるものなのです。

でも、それより何よりいちばんの魅力は、キレイになることのもっと先。

ちょうど昨日、こんなことがありました。
この2週間は、徹夜が続いたこともあり、朝の支度時間がとにかくキツい。
なんとか気力を奮い立たせるものの、まったくエンジンがかからず。
いっこうに仕事に行くリズムにならないわけです。
それでもとりあえず、服は着なければとクローゼットへ。
重だるい体を感じながら服を前に
「誰かに会いたくなる服を選ぼう」と思ったのです。
これが、とても面白かった。
似合う服を着ると、ちょっといい自分になれる。
その自分を目にすることで、気分がムクッと起き上がる。
外に出たくなるのです。前向きな気持ちがじわじわと湧いてきて。
さっきまでのどんよりな自分がヒョイッと消えるのだから面白い。
私にとっての服は、自分へのエールでもあったのだな。
と、再確認した出来事です。

メイクやスキンケアも同じく。
ときに癒やし、なだめ、背中を押してくれる、そんな優しくも頼もしい存在です。
今までの道を振り返っても、
キツいとき、しんどいとき、美容に助けてもらったことを思い出します。
透明な肌は、気分を明るく。
柔らかな色のチークをまとえば、それだけでなんだか幸せな気分になれたし、
新しい色のリップは、生まれ変われたような強さをくれた。
自分への「今日、いいね」が、変えてくれる気持ちや表情や行動。
頑張っている自分や、頑張らなきゃならない自分に、
「キレイ」が力をくれていたなと思うのです。
美容ってすごいな。心底思います。
「歳を重ねる」ことに関してもそう。
変わっていく肌や体に戸惑い不安になることがあっても、
必ず美容がパワーをくれる。

だから、この力を取り入れて欲しい、味方につけて欲しいと思うのです。
生きていると楽しいことばかりではなくて、
キツいことのほうが多いんじゃない？　と思うこともあるからこそ、
できる限り楽しく、自分らしく生きるために。

美容は生きる力になる。

美容家として、私が何よりも伝えたいことです。

最後に、実はこの本の制作に2年という時間がかかりました。
粘り強くお付き合いくださったスタッフのみなさま、心から「ありがとうございます」。
そしてどんなときも笑顔と力をくれる息子たち、両親に愛を込めて。

神崎　恵

神崎的

COSMETIC LIST 53

〝キレイ〞を更新し続けるために。
そんな私が今もこれからも
美を育てるために自分の肌を託し
日々のお手入れのときに登場させている
こだわりのアイテムをご紹介します。

PART 1

美肌の条件を守る

キメが整って、光を放ち、ふっくらとした美しい肌。
日々進化中のスキンケアアイテムだからこそ
最新と定番を効率よくラインナップ。

1　2　3　4　5

老けないための必須ケア

紫外線対策

美を育むうえで
最も気をつけているのが、
UV対策。朝はもちろん日中の
塗りなおしを視野に入れて
使い心地と効果に
こだわりたい。

1

光を「拒む」から「選ぶ」。唯一無二の発想に共感

何本リピートしたかわからないほど愛用している1本。紫外線＝防ぎたいものという考えさえも覆すポーラのUV研究には、常に注目しています。B.A ライトセレクター 45g SPF50+・PA++++ ¥12,100／ポーラ

2

オトナ肌への細やかな配慮が嬉しい

肌なじみの良さは美容液並み! 薄く均一に肌表面で広がった後は、ピタッとフィット。崩れにくさもUVケアアイテムでは、見逃せない点。プロテクティング デイクリーム 30g SPF50+・PA++++ ¥7,700／SUQQU

3

愛用品の最新版はやっぱり頼りになる

肌本来の防御力に着目した新・日焼け止め。お手入れ用のクリームのような滑らかな使い心地と潤い感は日中のキレイも応援! クレ・ド・ポー ボーテ クレームUV n 50g SPF50+・PA++++ ¥11,000／クレ・ド・ポー ボーテ

4

刺激さえも味方につける進化系UVケア

肌にダメージを与えるメカニズム。それを実現する成分を配合し守りへと転化させた、最新の攻防一体型UVケア。リンクルブライト UV プロテクター［医薬部外品］50g SPF50+・PA++++ ¥3,850／オルビス

5

べたつかずにサラサラ肌をキープ

ライフスタイルと肌の防御機能の働きとの関係に着目。水のようにサラサラした使い心地で、スルスルッとのびて、気持ちが良い。プロテクター マルチシールド 30ml SPF50+・PA++++ ¥4,950／イプサ

土台の落ち込みを回避

肌体力を上げる

細胞の弱まりからは逃れようがない。
でも早めに全体を底上げし、
活性能力を整えておけば、
エイジングのスピードが
緩やかになっていく。

**肌奥に届くサイズになり
効果が格段に変化!**

化粧品の美肌アプローチの可能性が無限に広がった1品。夜と朝のセラムが効果的に働いてくれるので潤いが満ち足りる。SHISEIDO ビオパフォーマンス スキンフィラー 各30ml ¥35,200／SHISEIDO

**美肌の勇者ビタミンAが
ストレートに入り込む**

エイジングケアの先駆ブランド「エンビロン」のなかで最も贅沢に美容成分を配合した保湿ジェル。プロフェッショナルが開発するとすごい。エンビロン C-クエンスセラム 4プラス 35ml ¥26,400／プロティア・ジャパン

「漬け込むケア」の常連

透明感を導く

光を取り込み、
内側から光を反射できるように、
〝肌に漬け込む〟アイテムを常備。
しっかり届くことが
何より優先したいこと。

**天然由来成分「麹菌」の
パワフルさを体感**

初代アイテムは2004年に誕生。その7代目はなじみの良さが追求され、乾燥くすみをパワフルにケア。ホワイトロジスト ネオジェネシス ブライトニングコンセントレイト ［医薬部外品］40ml／¥16,500／コスメデコルテ

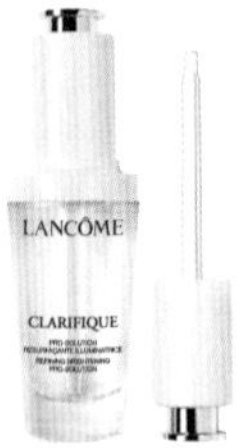

**日本で開発、製造の
新名品だから安心**

6つの承認効能を持つ新世代の美白美容液。透明感を導きながら、潤いも届けて角質を満たす嬉しいアプローチで輝きが導かれる。クラリフィック ブライトニング セラム［医薬部外品］30ml ¥16,500／ランコム

**透明感を極めるなら
内側からもアプローチ**

1日4粒を目安に水とともに服用。抗酸化作用はもちろん善玉菌が含まれ、美肌をサポート。栄養機能食品。ホワイトロジスト オーバーナイト インナー プラス 約30日分［120粒］¥8,100／コスメデコルテ

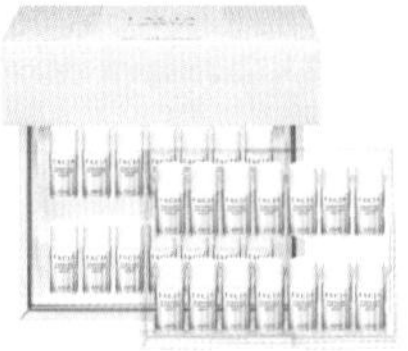

**まろやかなテクスチャーで
ジュワーッと浸透**

肌の上でなじませるとジュワーッと浸透しながら、肌自体がふっくら柔らかく育まれる。そして表面はツルッとした肌触りに。エクシア ブライトニング イマキュレート セラム［医薬部外品］1.5ml×28個 ¥27,500／アルビオン

最新技術に頼る

弾力のあるハリ

均一なキメ、そして
内側からのハリがあれば、
肌全体が潑溂＆すっきりした
顔印象に。肌自体、
周囲からの包括的なケアが必要。

**乳液の使用意識が
これを使うことで変わった**

炭酸の泡がはじけて、肌の上で美肌ベールに変化。肌を引き締め、不足しているハリ感を高め、潑溂とした肌印象へ整える新感覚の美容液乳液は外せなくなりそう。B.A ミルク フォーム　84g ¥13,200／ポーラ

**肌上でコクがハリに変化し
ふっくら状態に**

顔の下半分、フェイスラインに出現するたるみがターゲット。滑らかにのび、べたつかずスッとなじみ、引き上がります。カプチュール トータル ル セラム　30ml ¥22,520／パルファン・クリスチャン・ディオール

頼れるビタミンＣのパワー

毛穴を攻略

重力に逆らえずに広がったり、
ハリが失われて目立つのが毛穴。
毛穴自体にアプローチ
しながら、周囲にも
働きかけるアイテム。

**ビタミンC研究の先駆者
による1本は見逃せない**

ビタミンC研究の第一人者の亀山先生が開発した、究極と評判のホームケアアイテム。有用成分が届きやすいように、肌自体を柔らかくすることも考慮されている。ABC-Gリペアセラム 20ml ¥8,250／ドクターケイ

**「毛穴対策＝ビタミンC」を
身近にした信頼アイテム**

浸透スピードが高まったシリーズの最新&究極品。毛穴はもちろんくすみ、小ジワなど多方面にアプローチして、潤いも届ける…という至れり尽くせりの美容液。オバジC25セラム NEO　12ml ¥11,000／ロート製薬

手応えを感じる２品

いいシワを育てる

表情豊かであることは
いいシワを持っているということ。
それが深く刻まれないように
導くための
プロフェッショナルを常備。

**唯一無二のシワ対策品は
これからも永久に定番**

発売以来何本もリピート。できたシワはなくならない…という常識を覆すパワフルな効果。なじみの良さで信頼感が増し続けています。リンクルショット メディカル セラム N［医薬部外品］20g ¥14,850／ポーラ

**シワを改善しながら
ツヤ感も増す**

薬用有効成分「純粋レチノール」配合で、肌が自らヒアルロン酸を生み出し、水分量、密度が高まり、シワのない肌に。エリクシール シュペリエル エンリッチド リンクルクリーム S［医薬部外品］15g ¥6,380／資生堂［編集部調べ］

PART 2

揺らぐ肌、体を整える

ネガティブ要素に対応

年齢を重ねることで肌には当然、日々の揺らぎや乱れが生じるもの。そのときに、慌てず、焦らず、外側そして内側から微調整して、ずっと美を育てていく。

《濁り》 1

《くすみ》 2

《乾燥》 3

《たるみ》 4

有効成分がじわじわと届くマスクは定期的に登場

①バラのパワーが凝縮した塗るだけマスク。肌全体に疲労が溜まってどんよりしていても、たっぷり塗れば、上質なツヤ感が誕生。プレステージ ローズ キャビア マスク 75ml ¥47,850／パルファン・クリスチャン・ディオール　②くすんだ肌環境を一掃して、美肌印象へ導いてくれる。極細繊維で繊細につくられたシートは、ストレッチ性も高くしなやかで、肌からずれることなく美容液が到達。ホワイトショット シートマスク QXS 18ml（1枚）×7包　¥7,480／ポーラ　③ひんやり⇒じわっと潤いが届く薄いシートマスク。肌の層それぞれに行きわたる潤い成分が、ひたひたなのも贅沢。モイスチュア リポソーム マスク 20ml×6枚　¥7,920／コスメデコルテ　④立体的な顔に対応したシートはピタッとフィット。顎下からこめかみまで、フェイスラインをきゅっとアップ。スキン シグネチャー 3D リディファイニング マスク 6枚入り（上用マスク6枚・下用マスク6枚）¥17,050／SK-Ⅱ

《シミ》

メラニンの生成を抑え、気になる点を回避

医療レーザー治療を支えている会社が開発した、医療機関専売の美白クリーム。デリケートな状態でも安心して使えるので、誰もが嬉しい1本。プラスリストアTAホワイトクリームMD［医薬部外品］10g ¥2,750／ジェイメック

《ざらつき》

ざらつき、硬さを感じたら一旦落としてリセットケア

どんなにいい成分も、肌表面に壁があると届きません。それを取り除き、肌をほぐすためのオイルクレンジング。メイク落としはもちろんですが素肌がリセットされるよう。AQ クレンジング オイル 200ml ¥6,600／コスメデコルテ

《ニキビ》

赤ニキビはクリニック処方に頼る

突如できて大きくなってしまい、炎症を起こしているニキビは、自分で対応せずに信頼しているクリニックで処方してもらった「ダラシンTゲル（私物）」に頼ります。治るまでその箇所には極力触れず、メイクも最小限にとどめて。

《代謝低下》

1

2
3

内側の滞り、不活性ケアは美顔器にお任せ

①ブラシ型の低周波モバイル美容機器。肩、デコルテ、首筋から顔周り、そして頭皮まで。優しく当てて小刻みに流していく。するとふわっと明るく、生き生きと。エレクトロン デンキバリブラシ® ¥168,300／GMコーポレーション　②業務用から発想を得た美顔器。スキンケアのオールステップを7種類のトリートメント、4つのモードで可能に。お手入れの時短にもなり、次の美肌ケアステップを底上げ。セルキュア 4T++ ¥199,100／ベレガ　③心地のよい振動で質のいい巡りを約束。トレーニングができないときに活躍する振動デバイスが筋肉へとアプローチし、手の届きにくい箇所の滞りもスムーズに。パワープレートパルス ¥66,000／プロティア・ジャパン

ゾーン・パーツケア

1　2　3　4

《目元》

疲れた印象を与える、目元のくすみと影は徹底的にケア

①黄みよりとオークルよりの2色用意されたまぶたの色調整ベース。くすみを払拭するだけでなく、アイシャドウの発色、もちもアップ。ルナソル アイリッドベース（N）全2色 各¥3,080／カネボウ化粧品　②とにかくサラサラ、シルキーなテクスチャーでよれがちなまぶたに薄く、かつ高密着。バイユア セラムフィット フルカバー ソフトスティックコンシーラー 全2色 各¥2,090／Hamee　③目元周りのシワ、くすみ、たるみ…といった全トラブルにアプローチしてくれる夜用アイクリーム。硬めのクリームを指先にとり、繊細な目元になじませると翌朝、すっきり。エピステーム　アイパーフェクトショットa 18g ¥12,100／ロート製薬　④適度な重さと軽さのあるテクスチャーで、ストレッチするように目元にフィット。潤いはもちろんピーンとしたハリ感で、生き生きとした健やかな印象に。B.A アイゾーンクリーム N 26g ¥19,800／ポーラ

⟪ デリケートゾーン ⟫

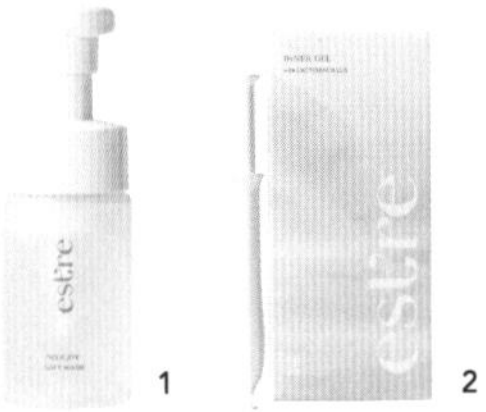

健康を維持するために最も重要な新しいケア

①体の中でどこよりも薄く、経皮吸収率も高いといわれている敏感なパーツこそ、汚れはきちんと落とし、大切な善玉菌は流さず潤いを残せる洗浄料を。エストール　デリケートソフトウォッシュ　100ml　¥2,475　②ストレスや加齢で減少するといわれている膣の善玉菌「ラクトバチルス乳酸菌」。これをダイレクトに届け、潤いを与える。同インナージェル ラクトバチルス乳酸菌配合 1.7g×10本　¥4,950／ともにアドバンスト・メディカル・ケア

⟪ 頭皮 ⟫

活力ある頭皮環境をアウトバスで鍛える

①毛根の発毛、育毛の源に働きかけてサイクルアップ。毛髪の太さ、質、量を満足する状態へ。サブリミック　アデノバイタル スカルプパワーショット［医薬部外品］120ml ¥7,920／資生堂プロフェッショナル　②美容機器が不要!とまで言い切るスカルプエッセンス。硬くなった頭皮を揉みほぐしなじませて浸透。根元が立ち上がり、ふわっとシルエットに。エレクトロン 薬用スカルプエッセンス ファム［医薬部外品］100ml ¥6,490／GMコーポレーション

⟪ 喉・声 ⟫

外気とつながる「喉」の乾燥もブロック

①天然植物成分のみ、砂糖不使用のドロップ。なめると粘膜を保護膜のように覆って、ハーブの優しさで喉を守ります。のど用ハーブドロップ 1箱（30粒入り）¥1,080／マリエンジャパン　②喉に違和感を感じたら、手軽にシュッと1プッシュ。すっきりして鼻への抜けも良くなるよう。今日は喉を使うな…という前にも。プロポリスリッチスプレー 30ml ¥3,996／山田養蜂場　③ピリリとしたハーブの味と、キャラメルのようなコクが癖になる美味しさで、常備。そのままなめたり、ヨーグルトや飲み物に混ぜたり使い方はいろいろ。ニュージーランド マヌカUMF20　500g ¥38,448／ラベイユ

⟪ 唇・口元 ⟫

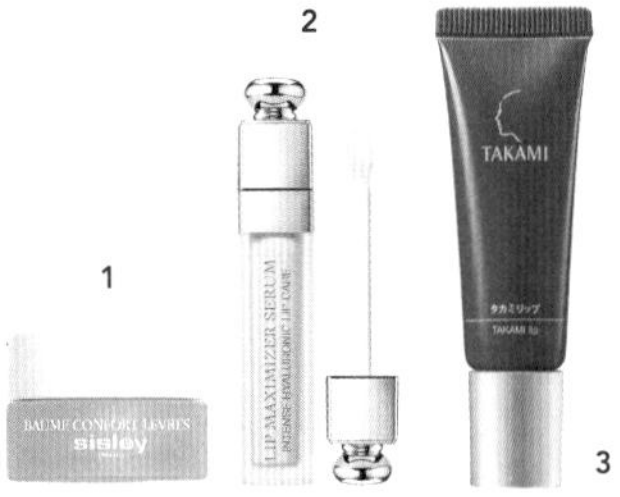

数本併用して〝ふっくらみずみずしい〟が理想

①唇が本来持つバリア機能を守り、整えるリップケアトリートメント。バームをのばすとツルンとした表面になり、くすみのない明るい色に。バーム コンフォール N 9g ¥9,680／シスレー　②つけるとスッとした清涼感とともに、パンプアップする感じがやめられない1本。ディオール アディクト リップ マキシマイザー セラム ¥4,290／パルファン・クリスチャン・ディオール　③リピート率トップクラスのこちらは、塗れば塗るほどふっくらするような感じ。濃厚なバーム状の中身が唇上に薄いシールドをつくって、潤いの蒸発をブロック。タカミリップ［唇用美容液］7g ¥2,530／タカミ

体・内側を整える

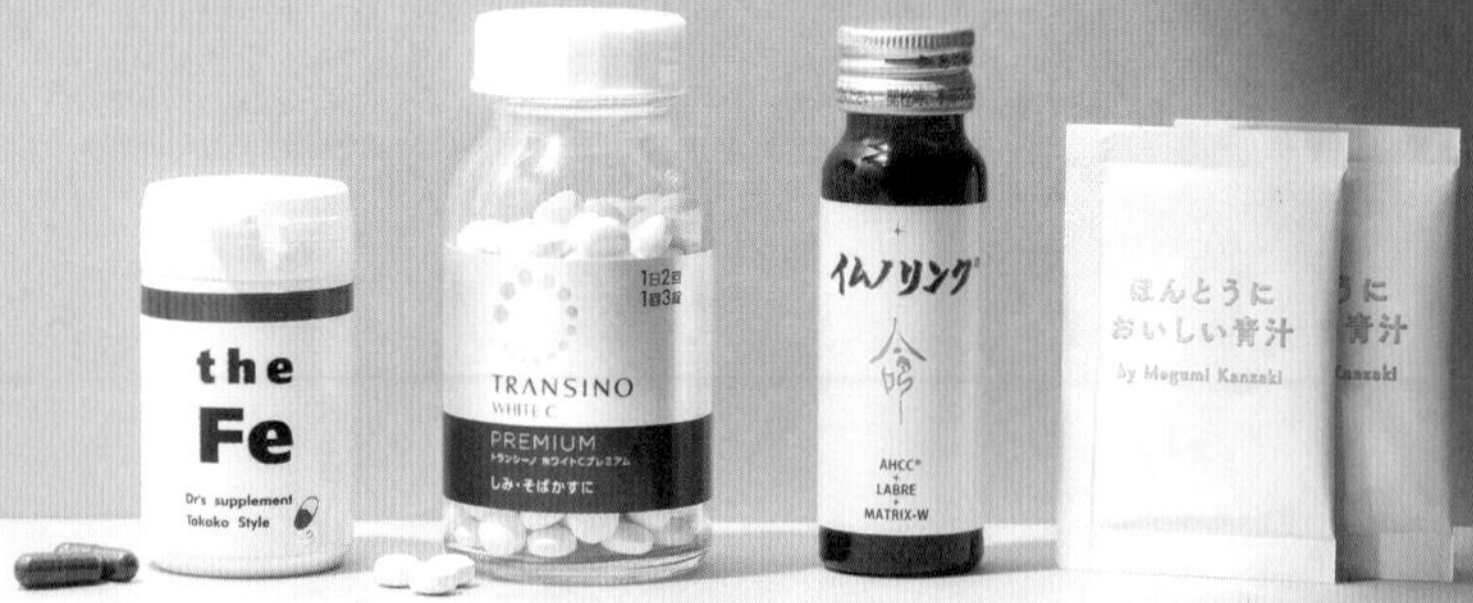

1　2　3　4

《インナーケア》

QOLの向上を目指し、不足する栄養素はサプリメントで補う

①定期的に美容情報を交換している松倉クリニック代官山の貴子先生監修のサプリ。女性にとって〝鉄分〟が本当に必要…と実感し、摂取しにくいこともわかってから飲むように。1日に2～3回1カプセルを目安に。the Fe ¥6,156／TAKAKOスタイル　②ビタミンCやL-システインなどが肌の内側から3ステップでシミにアプローチ。トランシーノ ホワイトCプレミアム［第3類医薬品］180錠　¥3,520［編集部調べ］／第一三共ヘルスケア　③ちょっと体調崩れそう…と思ったら1本。常温で保存して常備し家族で飲んでいます。イムノリンクAHCC＋ナノ型ラブレ菌＋マトリックスウォーター 50ml×10本　¥11,000／クリエーションアカデミー　④〝続けられる〟を念頭に置いて、材料と味にこだわって乳酸菌たっぷりの腸活青汁をつくりました。なめらかな口当たりなので、今までちょっと苦手だった人も、飲みやすいはず。ほんとうにおいしい青汁 30包 定期便特別価格¥4,500／ほんとうにおいしい青汁

≪ 体調 ≫

1

2

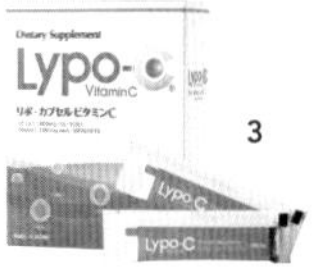

3

生活に負担なく体へプラスに作用

①鹿児島発のアルカリ温泉水。水分を摂ってと言われても難しかったときに出会ったお水はリトマス試験紙のような存在。温泉水99　ナチュラルミネラルウォーター　500ml　¥178／エスオーシー　②白湯をつくるときにポンと入れて。入れておくだけ…というのがラク！　鉄玉　南部鉄器 ザ・鉄玉子 黒 K25　7.4×4.2×3.6 cm　¥2,200（編集部調べ）／及源　③吸収率にこだわったビタミンCの液状サプリメント。毎日はもちろん、集中して飲むと◎。リポ・カプセルビタミンC 30包　¥7,776／スピック

≪ 睡眠 ≫

1

2

健やかな体の源への2ステップ

①1滴たらすだけでふわっと甘い香りが空間に漂って、気持ちが穏やかになってホッとやすらげる大好きな香り。寝つけない夜、寝室に漂わせると、スーッと入眠できます。キング オブ フランキンセンス 5ml ¥6,160／バラカ　②低下した皮膚温の回復を助け、眠りの深さ、目覚めたときのすっきり感をサポートしてくれる1本。爽やかな甘酸っぱい味で飲みやすい。エスト　リキッドサプリメント＋［機能性表示食品］100ml×10本　¥5,400／花王

≪ ボディケア ≫

1

2

3

お風呂上がりの1ステップで極上の潤い肌に

①お風呂上がりに全身になじませている、さらっと軽いテクスチャーのオイル。高濃度のビタミンAに加えて、C、Eが配合されていて潤いはもちろん、ハリ、ツヤを補給。エンビロン モイスチャーACEオイル 100ml ¥9,790／プロティア・ジャパン　②ボディオイルとしてはもちろん、バスオイルにも使える万能オイル。とにかく香りが好きでこのラインを揃えています。トランキリティ バス アンド ボディ オイル 200ml ¥14,850　③リッチな使い心地ながら肌なじみがとても良く、香り立ちが華やかなクリーム。同ボディ クリーム 180ml ¥14,300／ともにコンフォートジャパン

COORDINATE DATA

※掲載アイテムは撮影時の商品です。販売終了しているものもあります。

p013, p255

ピンクキャミソール／I Feel Love（ドローイング ナンバーズ）、パンツ／ウィム ガゼット

p043

ボーダーワンショルダートップス／カバナ（アマン）、ハイウエストショーツ／CASUCA（カオス表参道）、ピアス／ブランイリス（ブランイリストーキョー）、パンプス／ピッピシック（ベイジュ）

p073

黒ニットブラトップ／デ・プレ、ピアス／ブランイリス（ブランイリストーキョー）

p133, p197

ノーカラージャケット／エディション（エディション 表参道ヒルズ店）、ボディスーツ／アンスクリア（ウィム ガゼット）、ネックレス／ペリーヌ タヴェルニティ（エストネーション）、イヤリング／アビステ

p081

ボウタイブラウス・ジレ／ともにエストネーション、ピアス／ブランイリス（ブランイリス トーキョー）

p151

ストライプパフスリーブワンピース／Uhr、ピアス／CLED（ギャルリー・ヴィー 丸の内店）

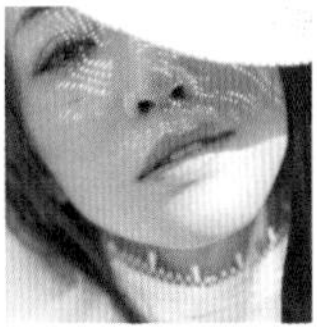

p095

すべてスタイリスト私物

p215

ロングジャケット／エブール（エブール GINZA SIX店）、タンクトップ／ギャルリー・ヴィー（ギャルリー・ヴィー 丸の内店）、ピアス／バージュエリー（トゥモローランド）、その他／スタイリスト私物

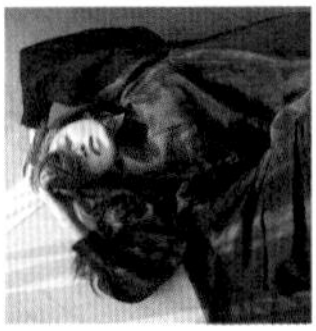

p119, p175

シアーボリュームワンピース／カオス（カオス表参道）、ピアス・バングル／ともにブランイリス（ブランイリス トーキョー）、インナー／スタイリスト私物

COSMETIC

※掲載アイテムの価格は、すべて税込み価格です。

アドバンスト・メディカル・ケア
0120-260-386

アルビオン
0120-114-225

イプサお客さま窓口
0120-523-543

エスオーシー
0120-17-4132

SK-Ⅱ
0120-021-325

エンビロン・コールセンター（プロティア・ジャパン）
0120-085-048

及源
https://oigen.jp/

オルビス
0120-010-010

花王〈エスト〉
0120-165-691

カネボウ化粧品
0120-518-520

クリエーションアカデミー
03-3974-6123

クレ・ド・ポー ボーテ お客さま窓口
0120-86-1982

コスメデコルテ
0120-763-325

コンフォートジャパン
0120-39-5410

GMコーポレーション
0120-66-7170

ジェイメック
03-5688-1803

シスレージャパン
customerservicejp@sisley.fr

SHISEIDO お客さま窓口
0120-587-289

資生堂（エリクシール お客さま窓口）
0120-770-933

資生堂プロフェッショナル
0120-81-4710

SUQQU
0120-988-761

スピック
0467-24-1045

第一三共ヘルスケア トランシーノ相談室
0120-013-416

TAKAKOスタイル
03-6455-0021

タカミ
0120-291-714

ドクターケイ
0120-68-1217

Hamee
0120-569-565

BARAKA（バラカ）
03-5454-7200

COSTUME

アビステ
03-3401-7124

アマン
03-6805-0527

ウィム ガゼット
http://www.whimgazette.jp

Uhr（ウーア）
03-6876-9004

エストネーション
0120-503-971

エディション 表参道ヒルズ店
03-3403-8086

エブール GINZA SIX店
03-6274-6915

カオス表参道
03-6432-9277

ギャルリー・ヴィー 丸の内店
03-5224-8677

デ・プレ
0120-983-533

トゥモローランド
0120-983-511

ドローイング ナンバーズ
http://drawingnumbers.jp

ブランイリス トーキョー
03-6434-0210

ベイジュ
03-6434-0975

パルファン・クリスチャン・
ディオール・ジャポン・カスタマーサービス
03-3239-0618

プロティア・ジャパン
https://livactive.com/contact

ベレガ
0120-87-7080

ポーラお客さま相談室
0120-117111

ほんとうにおいしい青汁
customer@hontonioishi.jp

マリエンジャパン
https://shop.marien.co.jp/

山田養蜂場
0120-83-2222

L'ABEILLE（ラベイユ）
0120-066-083

ランコム
0120-483-666

ロート製薬 エピステームコール
03-5442-6008

ロート製薬 オバジコール
03-5442-6098

STAFF

撮影
伊藤彰紀（aosora）＿カバー、人物
村松成美＿静物

ブックデザイン
吉田憲司＋矢口莉子（TSUMASAKI）

スタイリング
石関靖子

ヘア
津村佳奈（Un ami）

取材協力
荒木奈々
サカイナオミ

エグゼクティブプロデューサー
谷口元一（ケイダッシュ）

編集
渡邊千帆（幻冬舎）
平山由紀子（幻冬舎）
三宅花奈（幻冬舎）

PROFILE

神崎 恵　Megumi Kanzaki

1975年生まれ。美容家。美容誌をはじめ、多くの雑誌で連載をもつほか、企業とのタイアップやイベント出演も多数。また、コスメブランドのアドバイザー、アパレルブランドとの商品開発など活動の幅を広げている。3人の息子をもつ母であり、日々の暮らしや美容情報満載のInstagramはフォロワー数62万人超え。現在は「神崎美容塾」の塾長として、後進の育成にも尽力している。書籍も数多く執筆し、著書累計発行部数は166万部（2023年3月時点）。

blog　https://ameblo.jp/kanzakimegumi/
Twitter　@megumi_kanzaki
Instagram　@megumi_kanzaki

美を育てる

2023年3月30日　第1刷発行

著　者　神崎 恵

発行人　見城 徹

編集人　舘野晴彦

編集者　平山由紀子　渡邊千帆　三宅花奈

発行所　株式会社 幻冬舎
〒151-0051 東京都渋谷区千駄ヶ谷4-9-7
電話　03-5411-6269(編集)
03-5411-6222(営業)
公式HP：https://www.gentosha.co.jp/

印刷・製本所　図書印刷株式会社

検印廃止

Printed in Japan
ISBN978-4-344-03802-8 C0095
この本に関するご意見・ご感想は、下記アンケートフォームからお寄せください。
https://www.gentosha.co.jp/e/